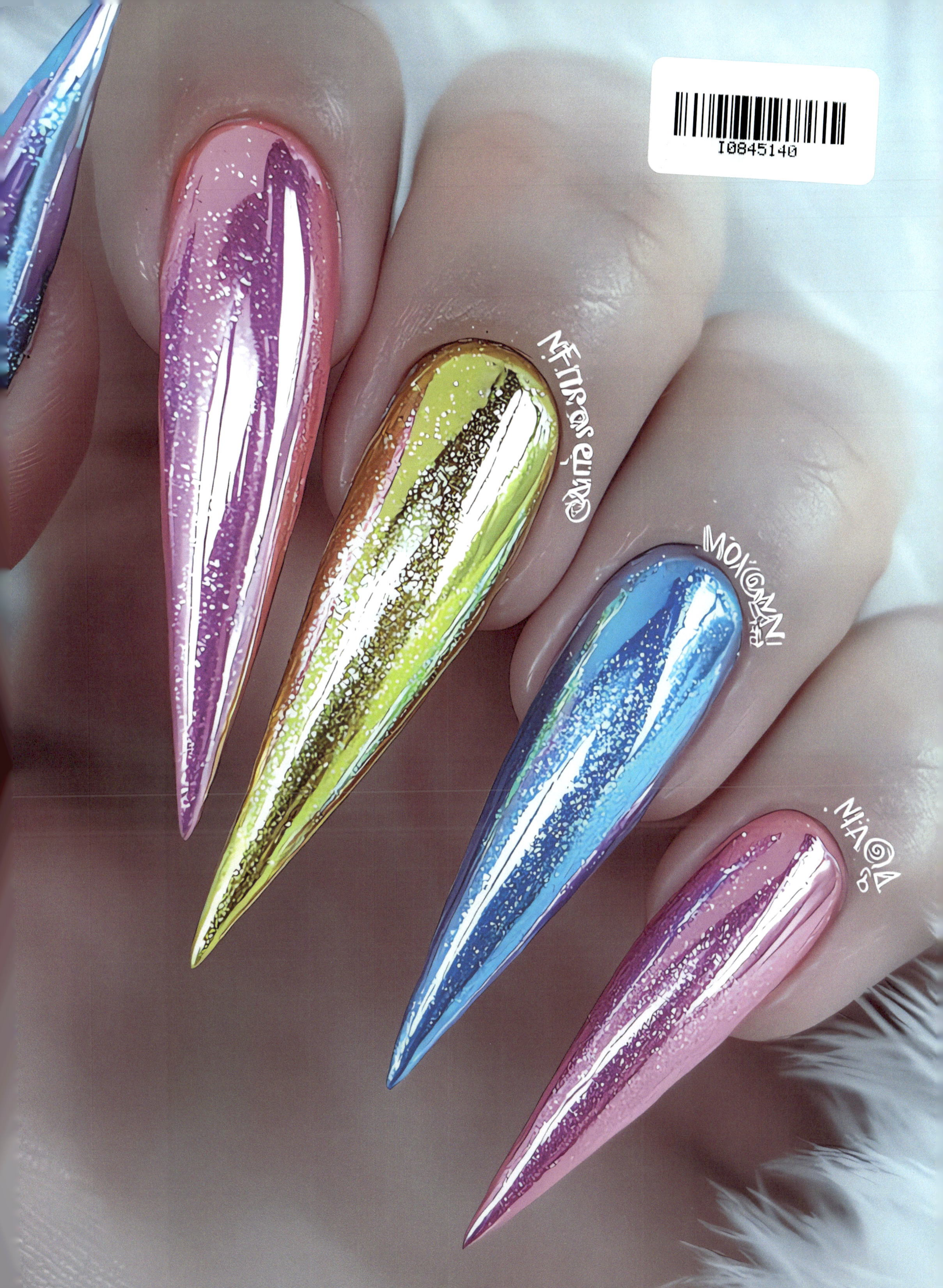

I0845140

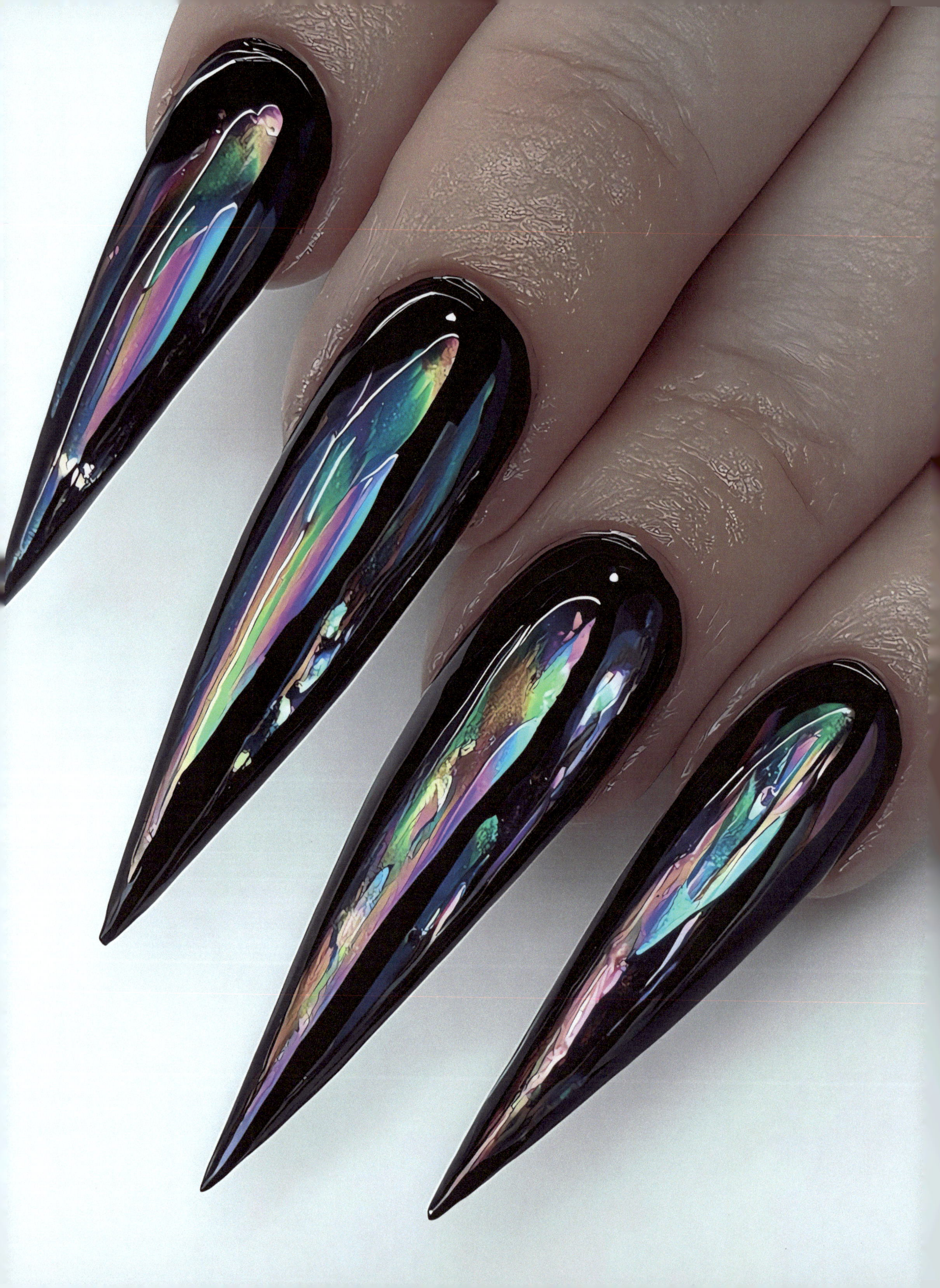

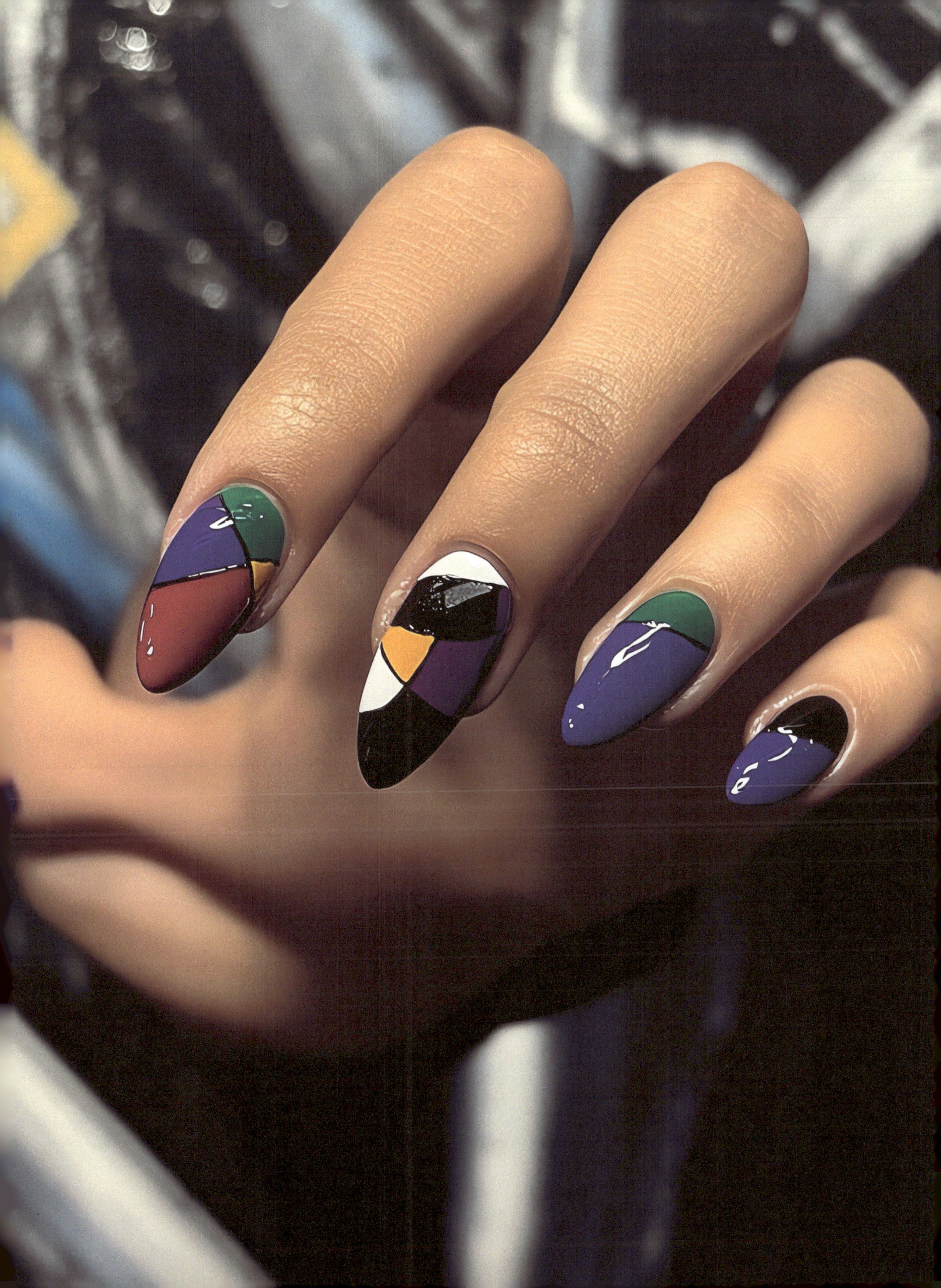

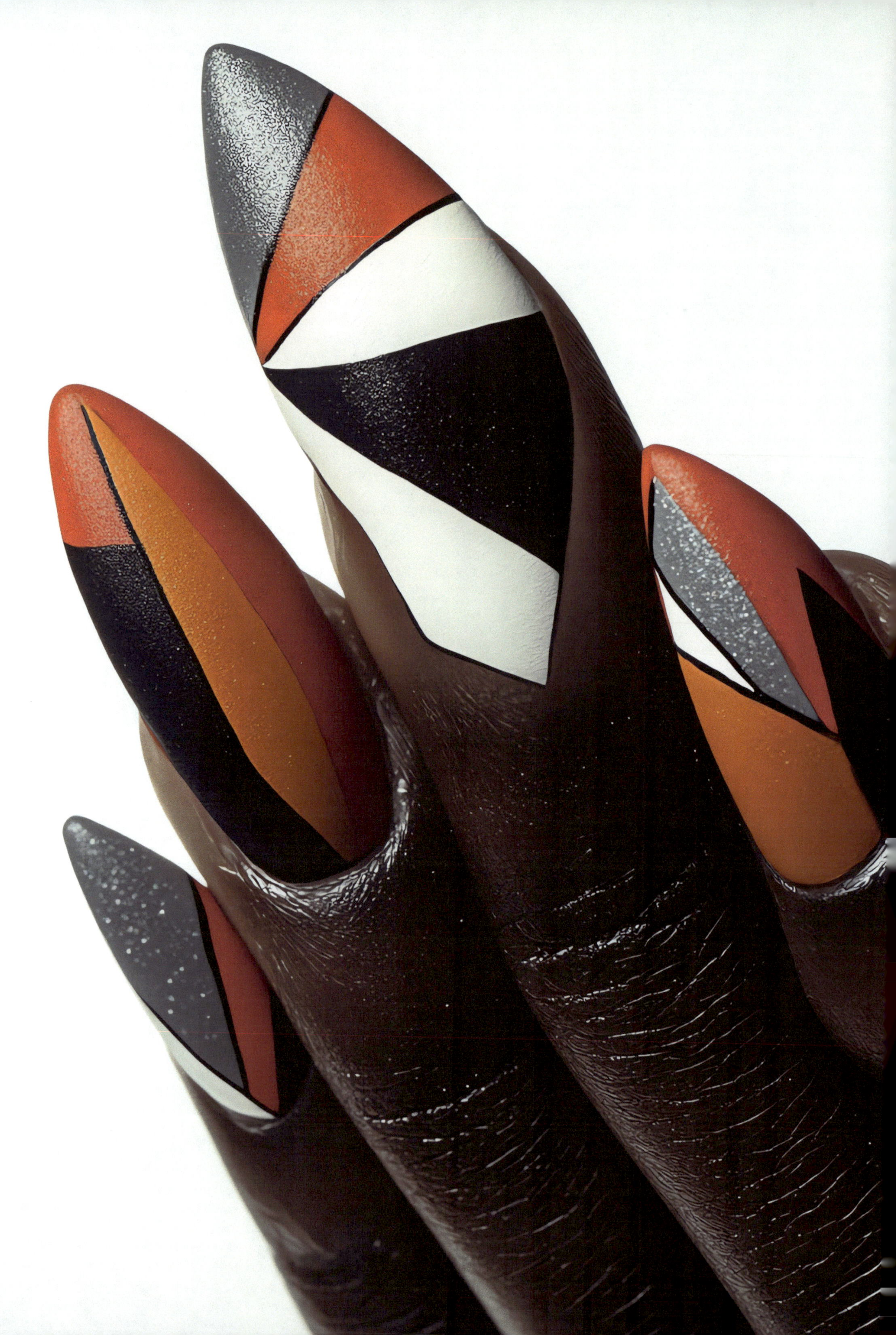

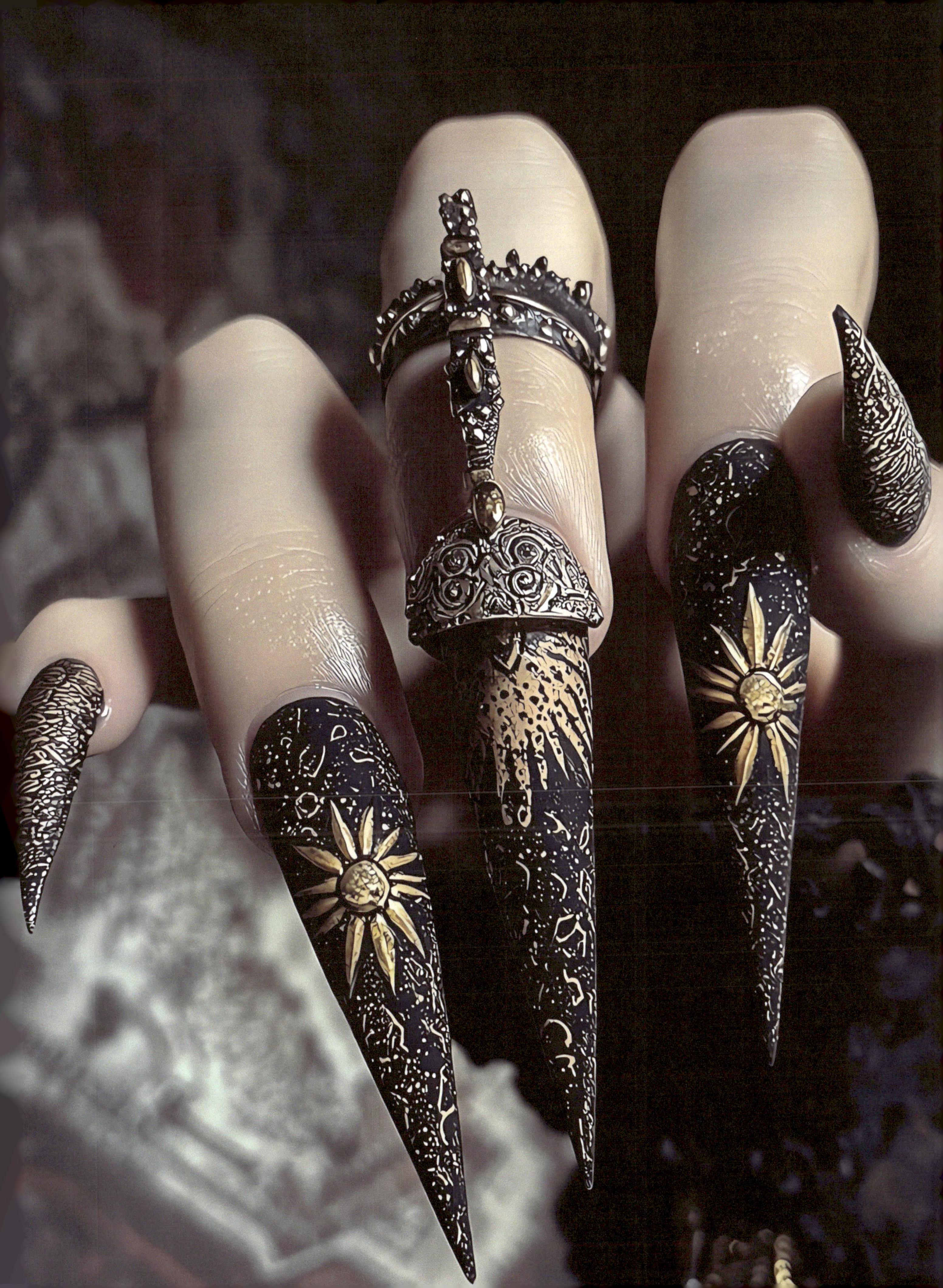

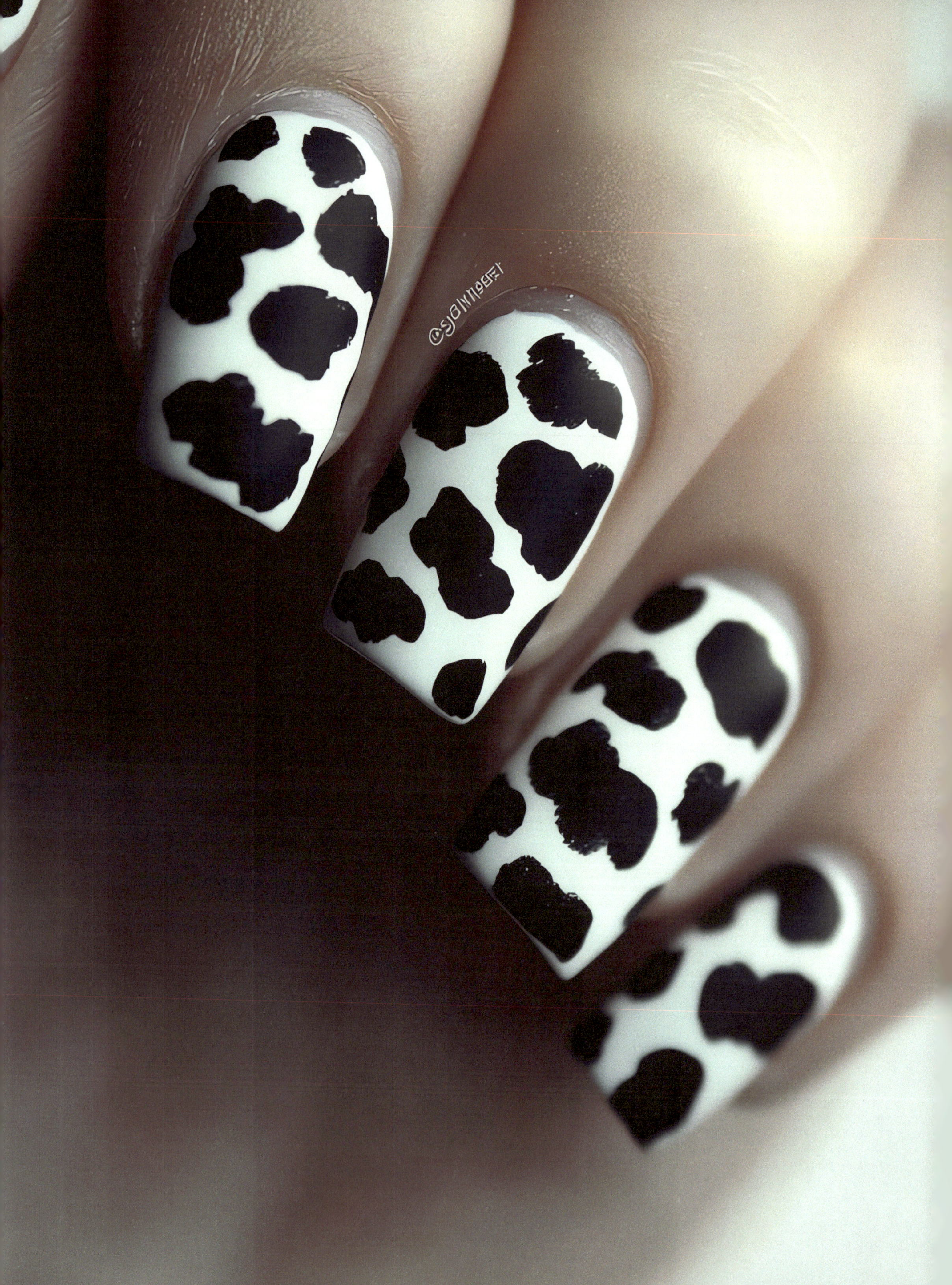

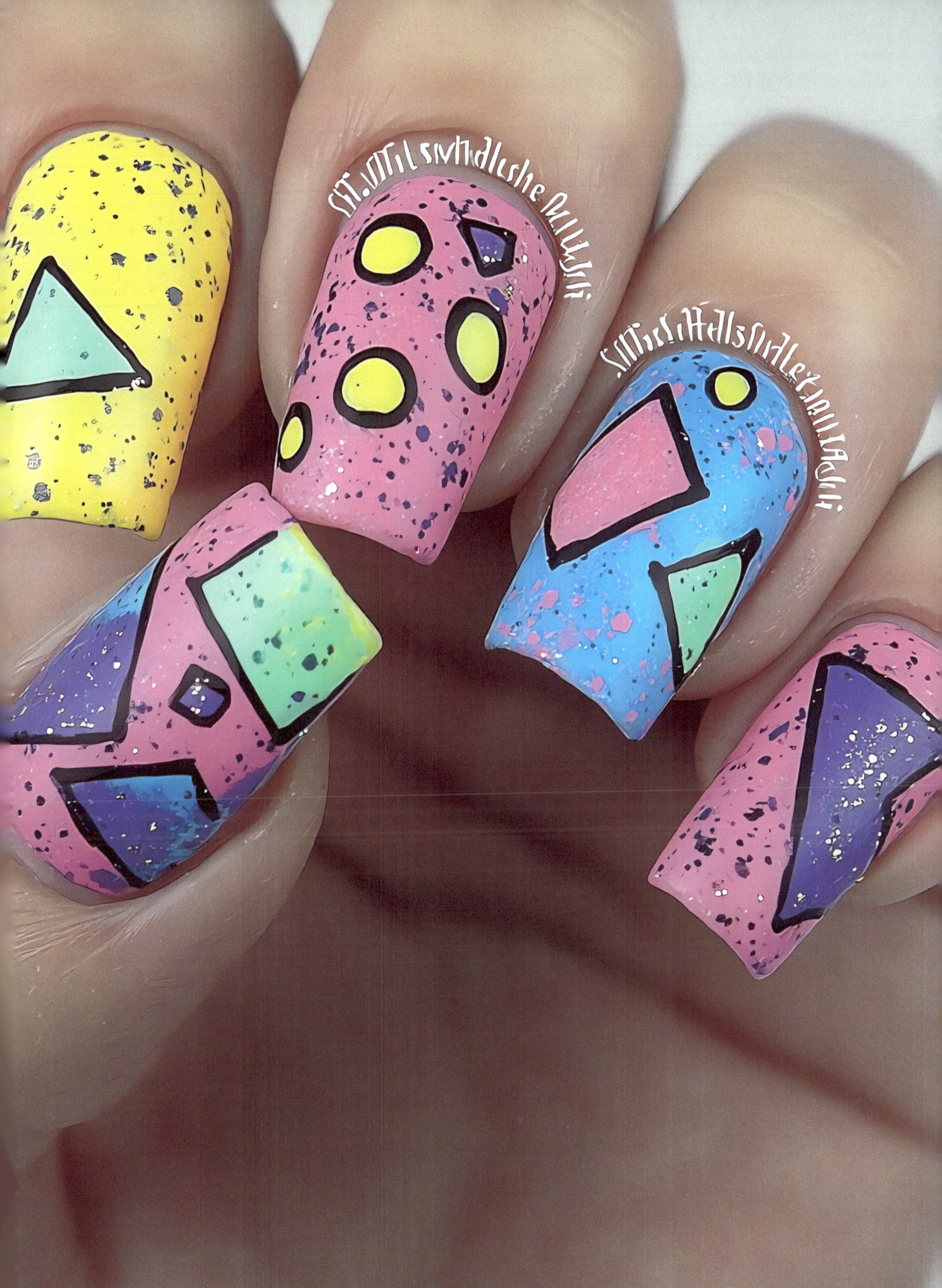

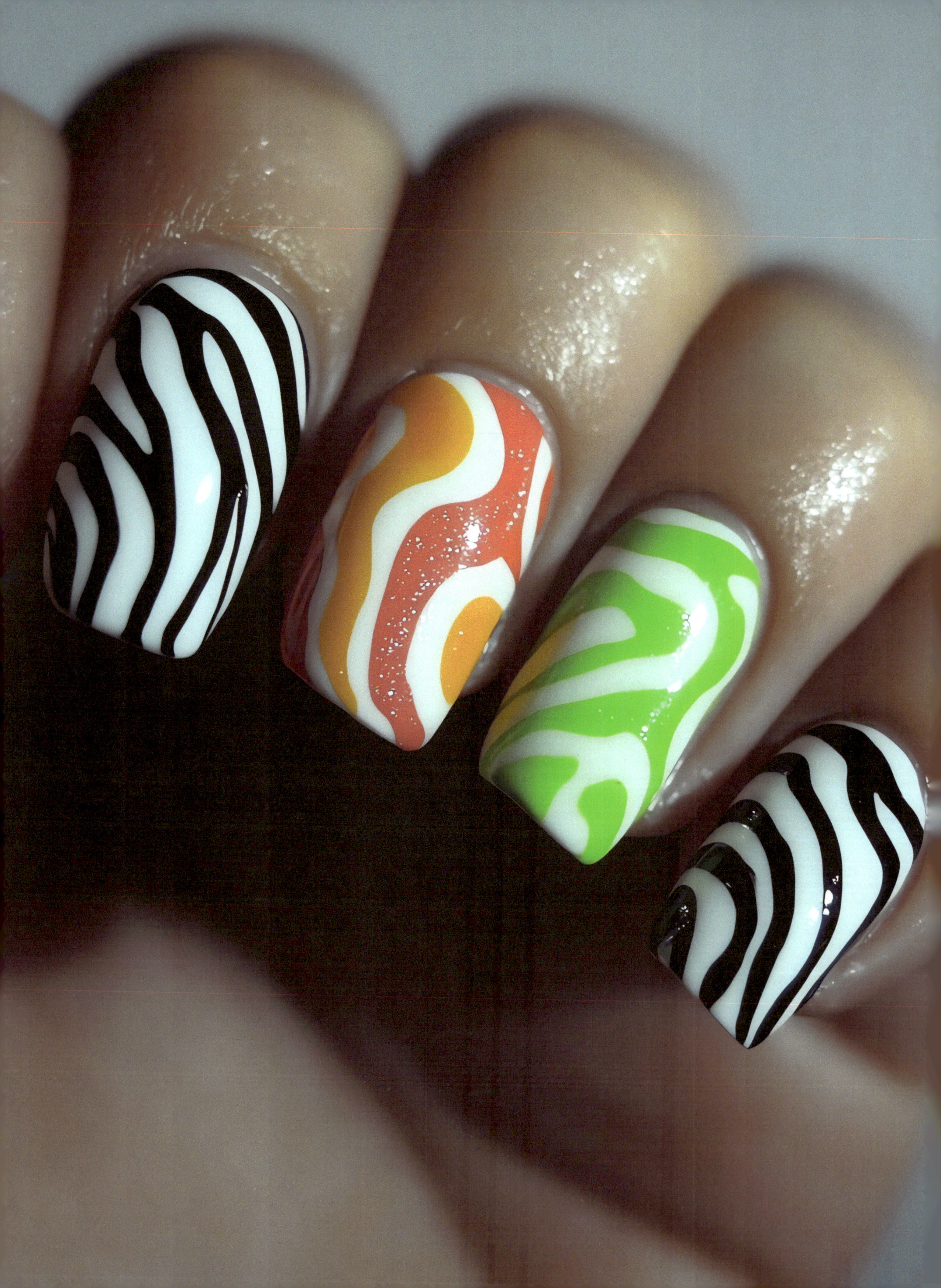

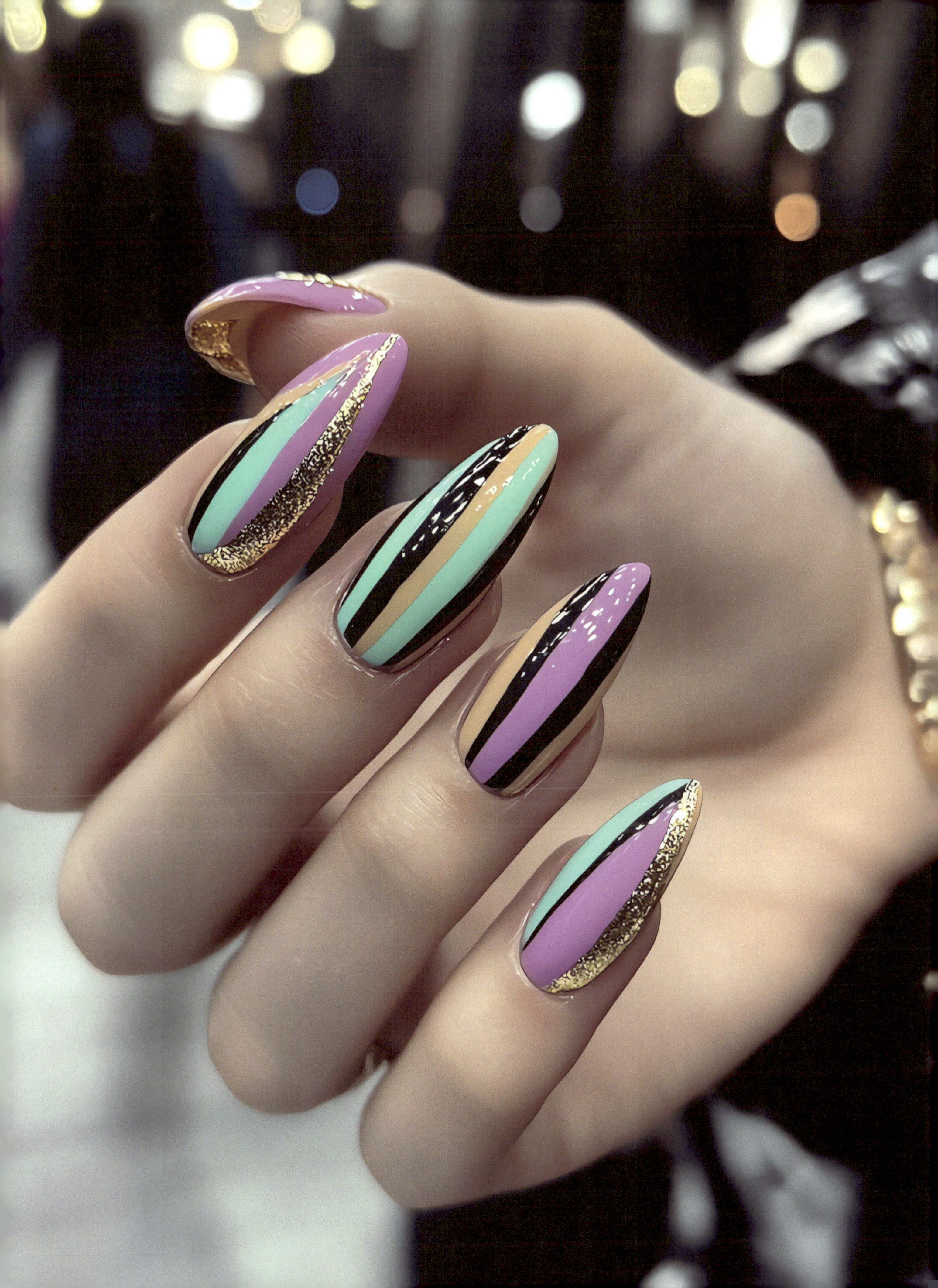

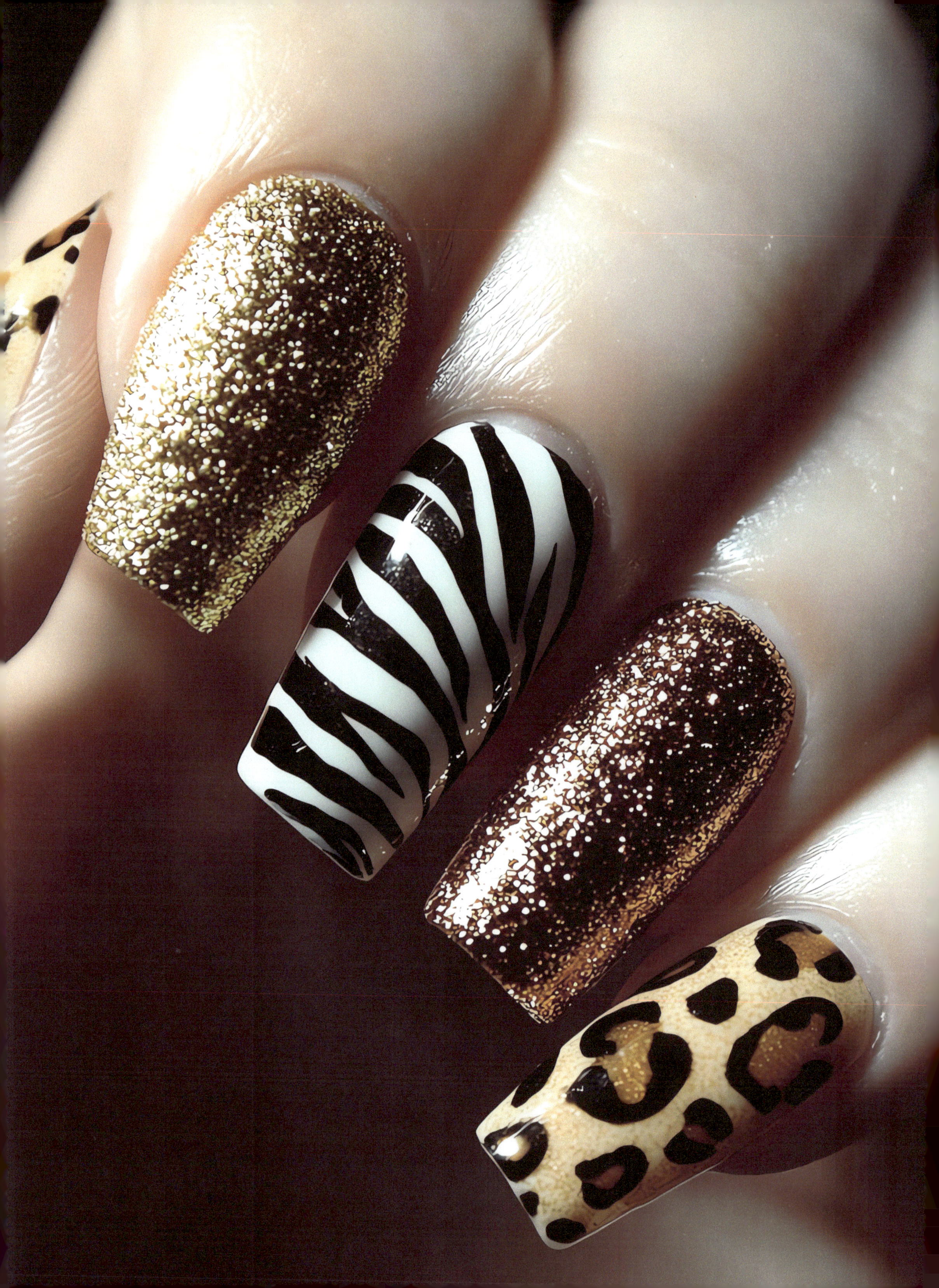

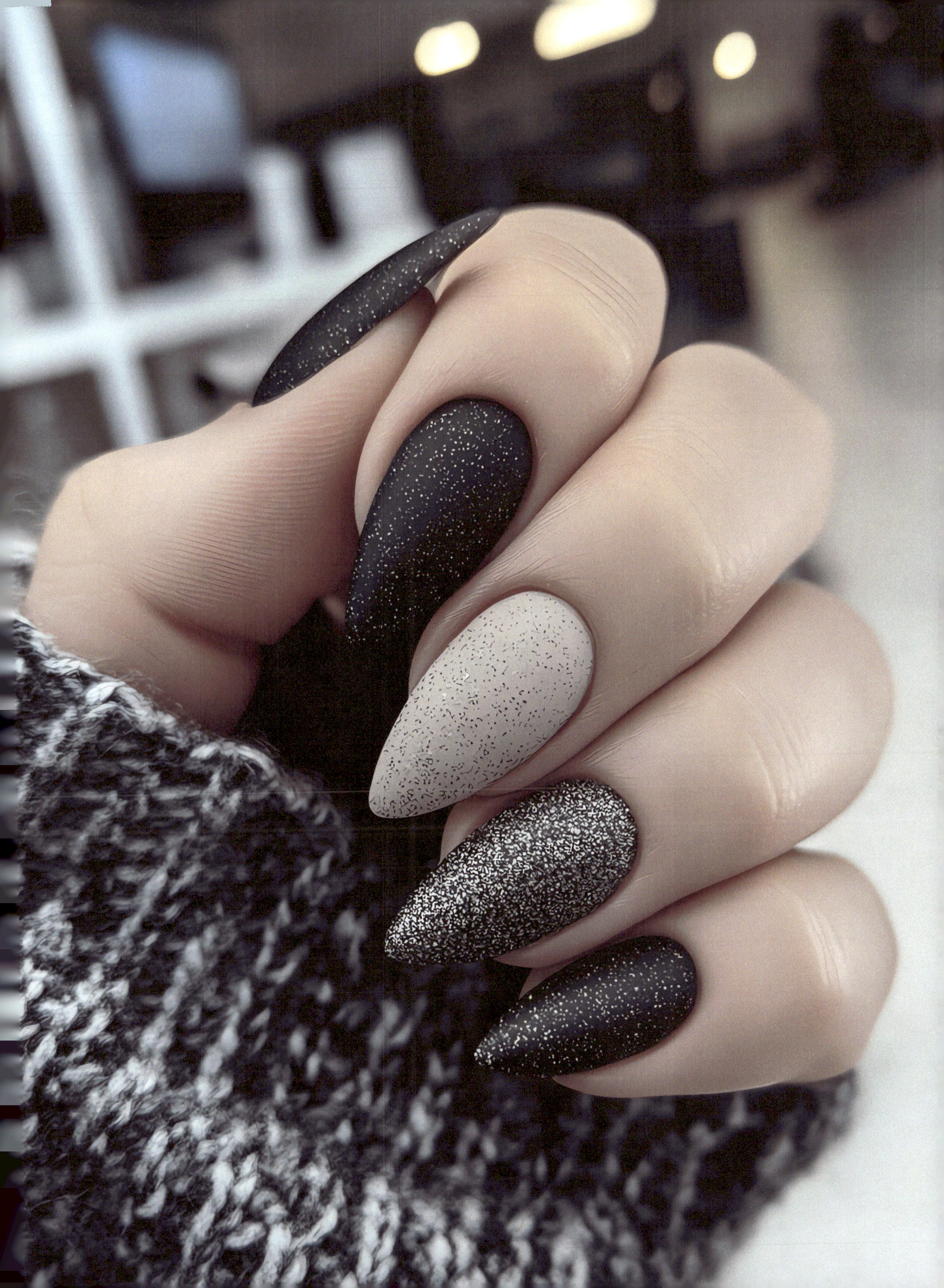

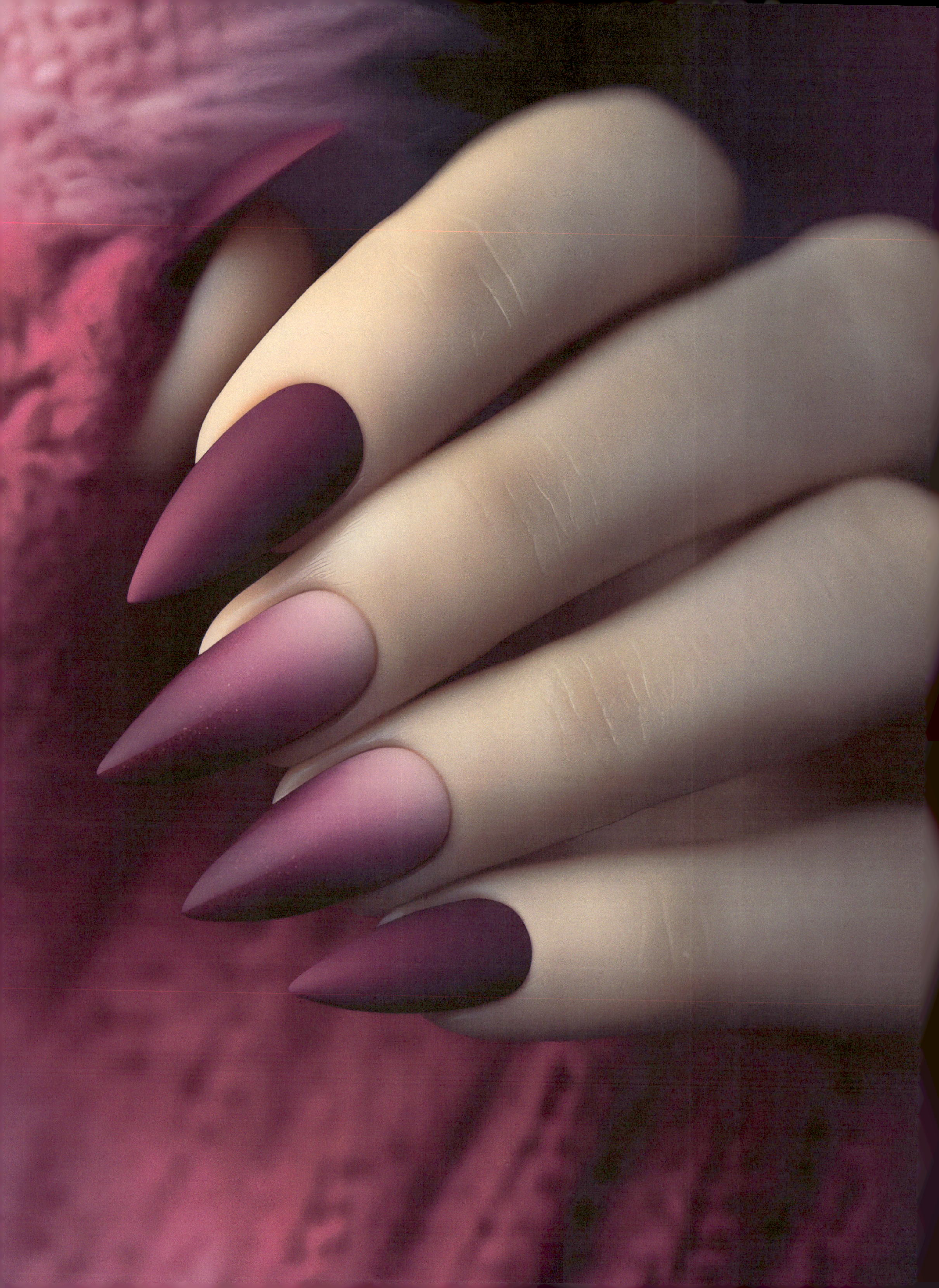

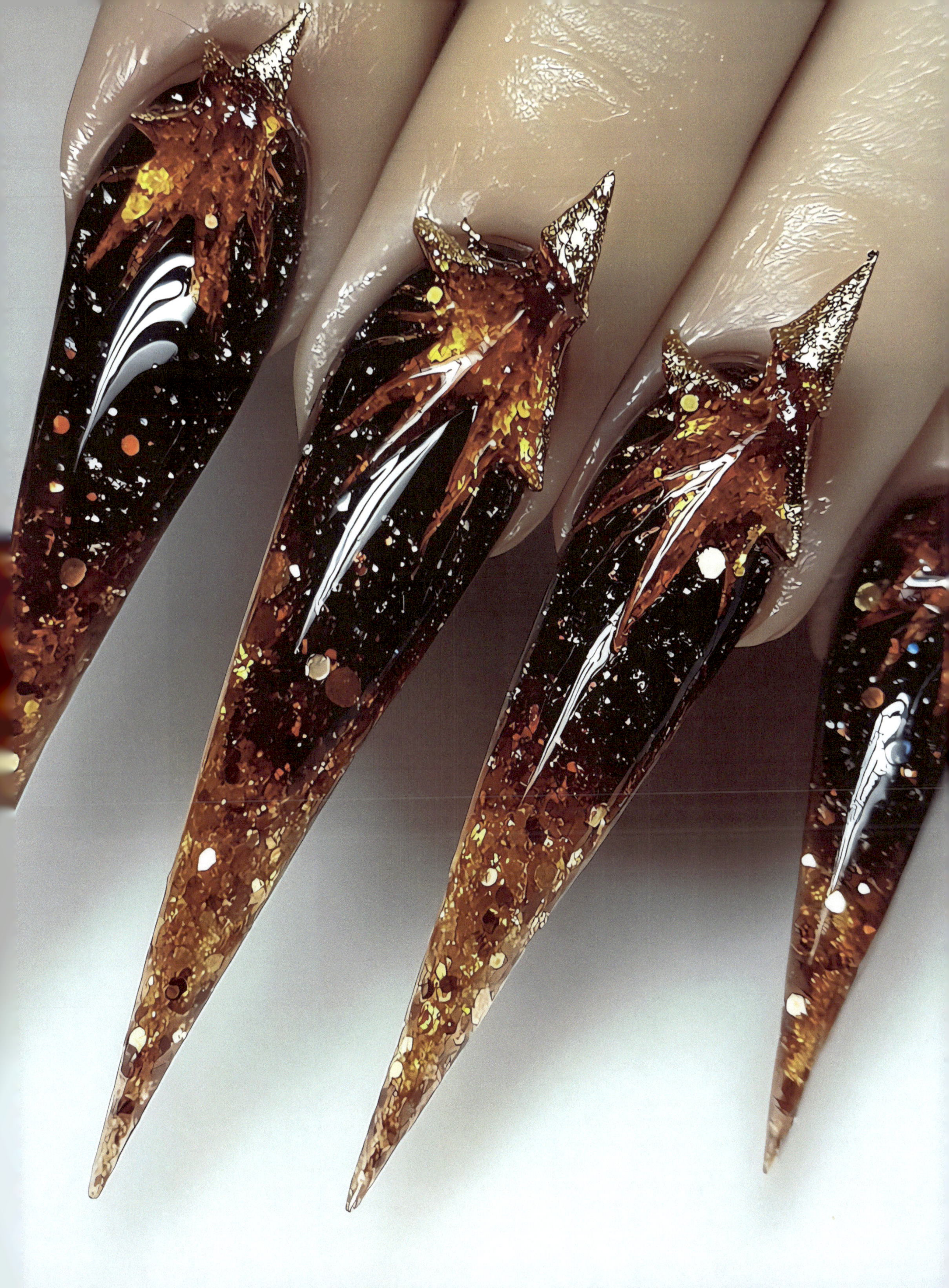

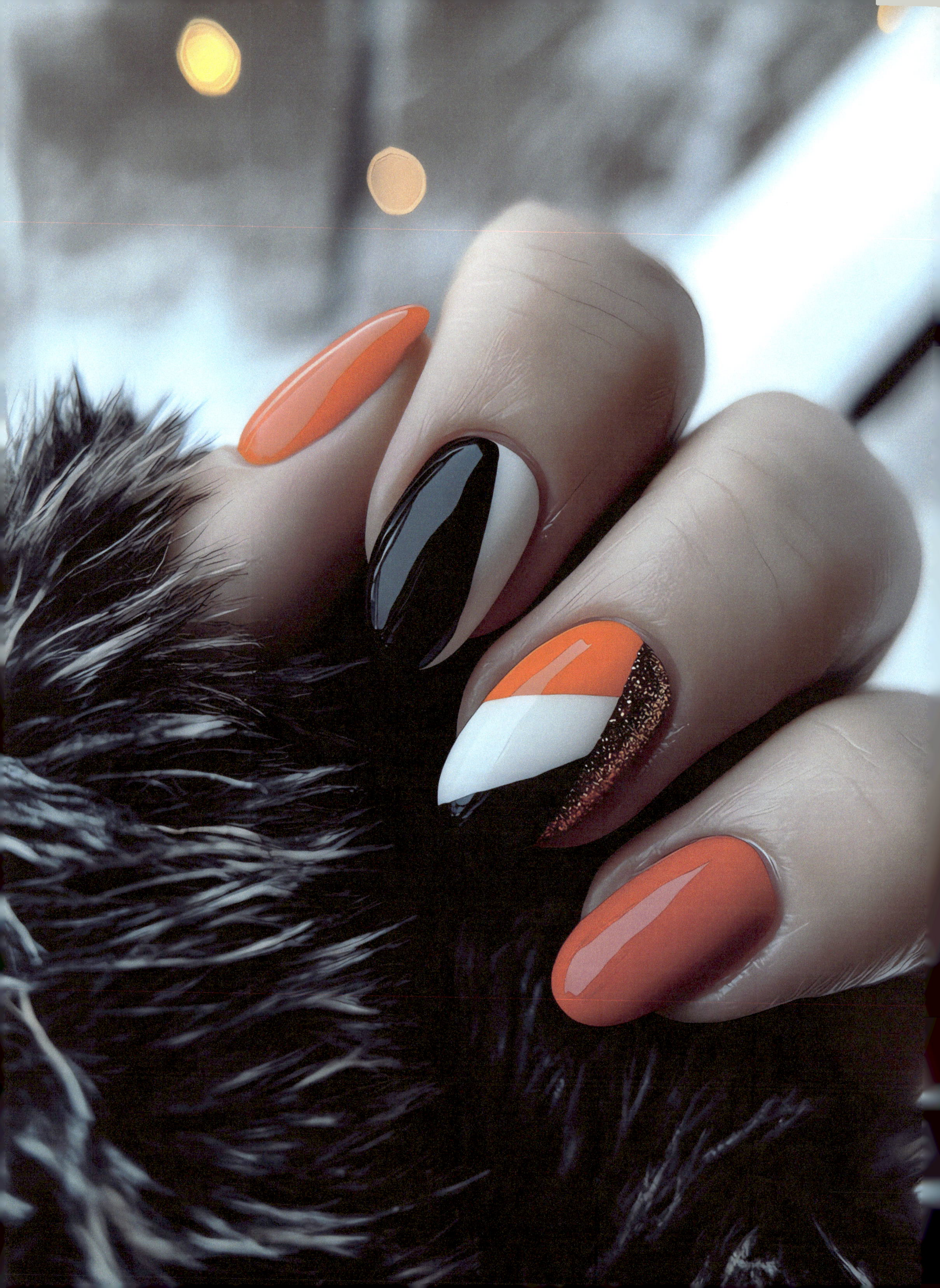

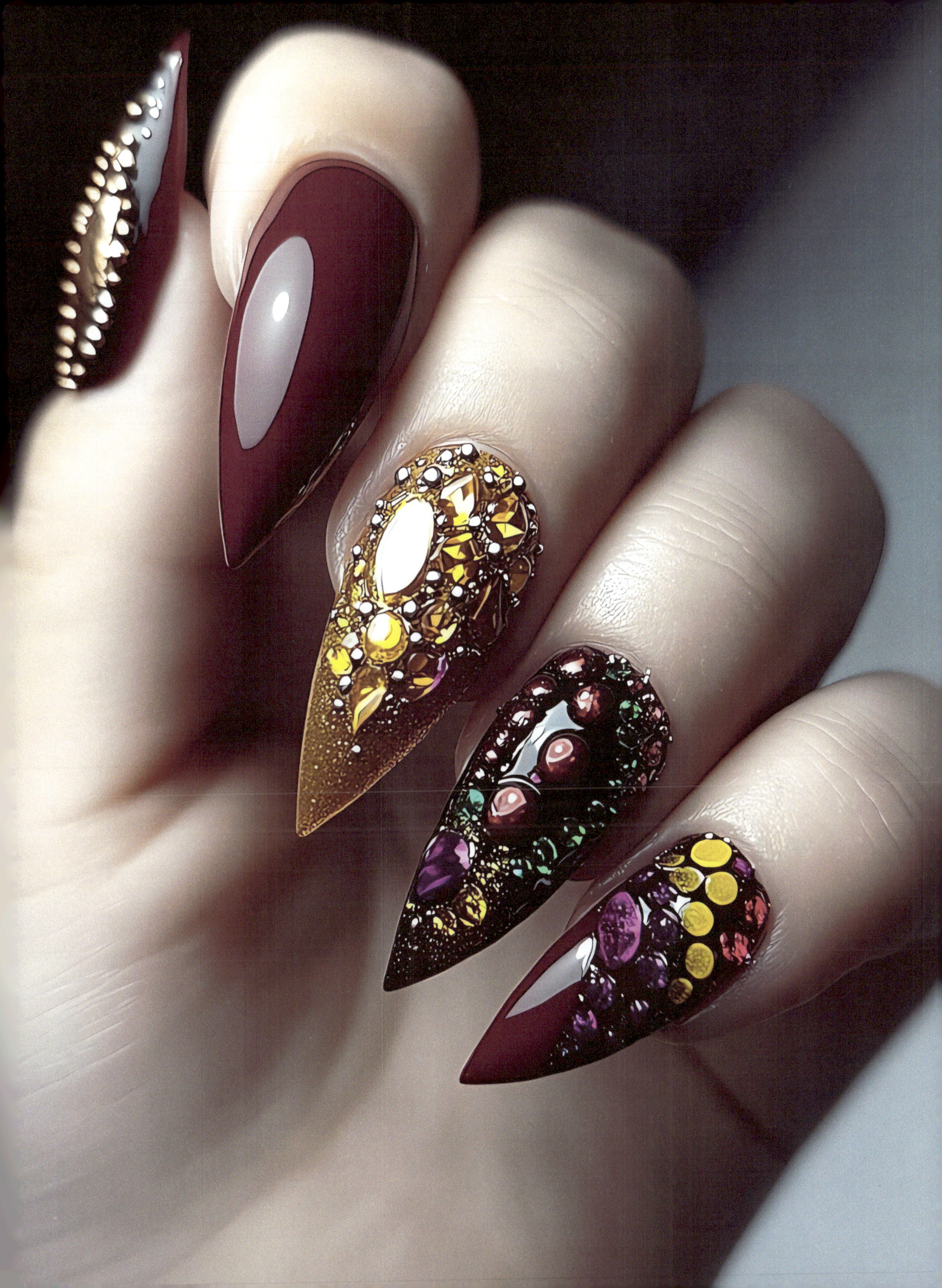

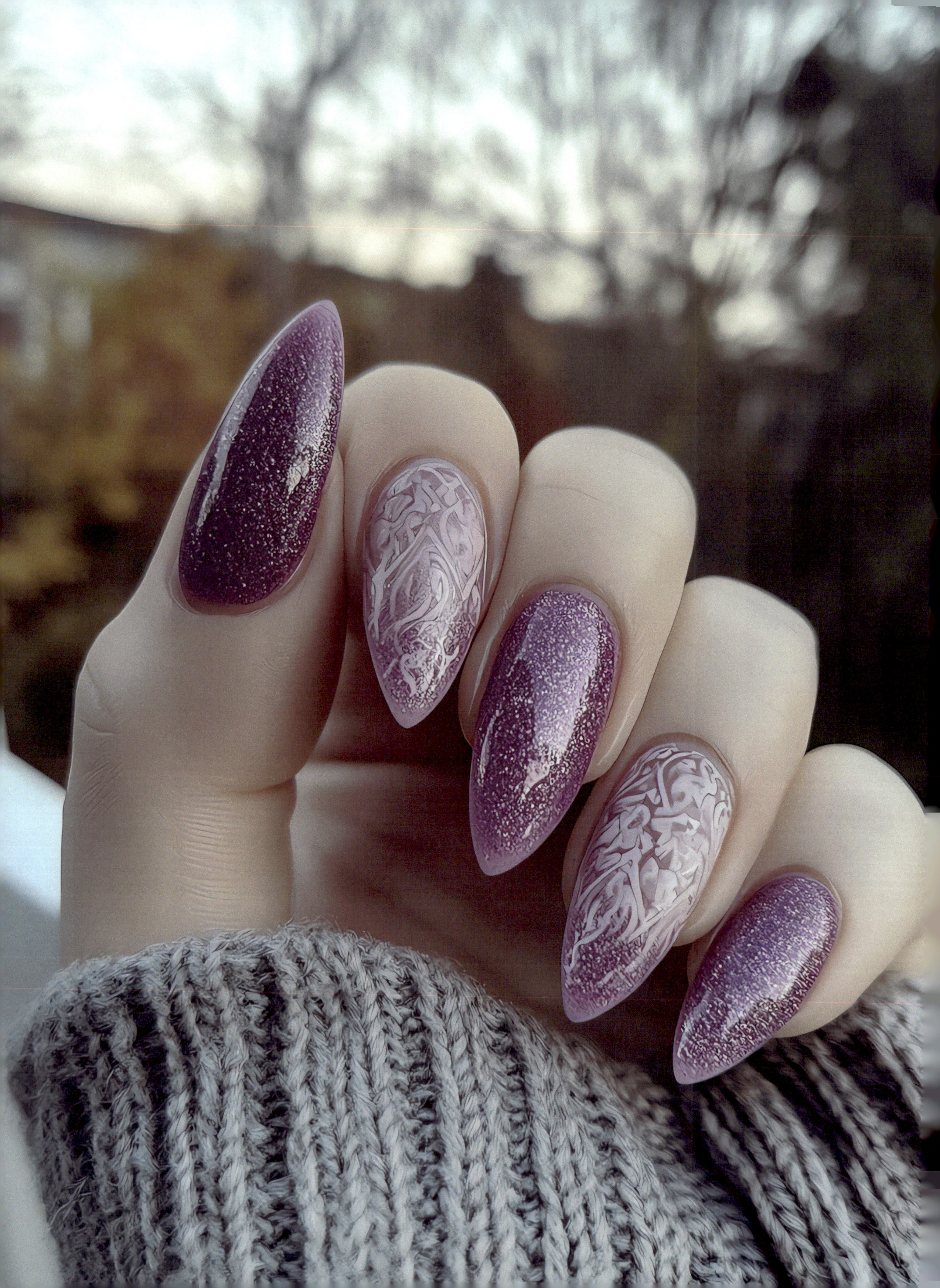

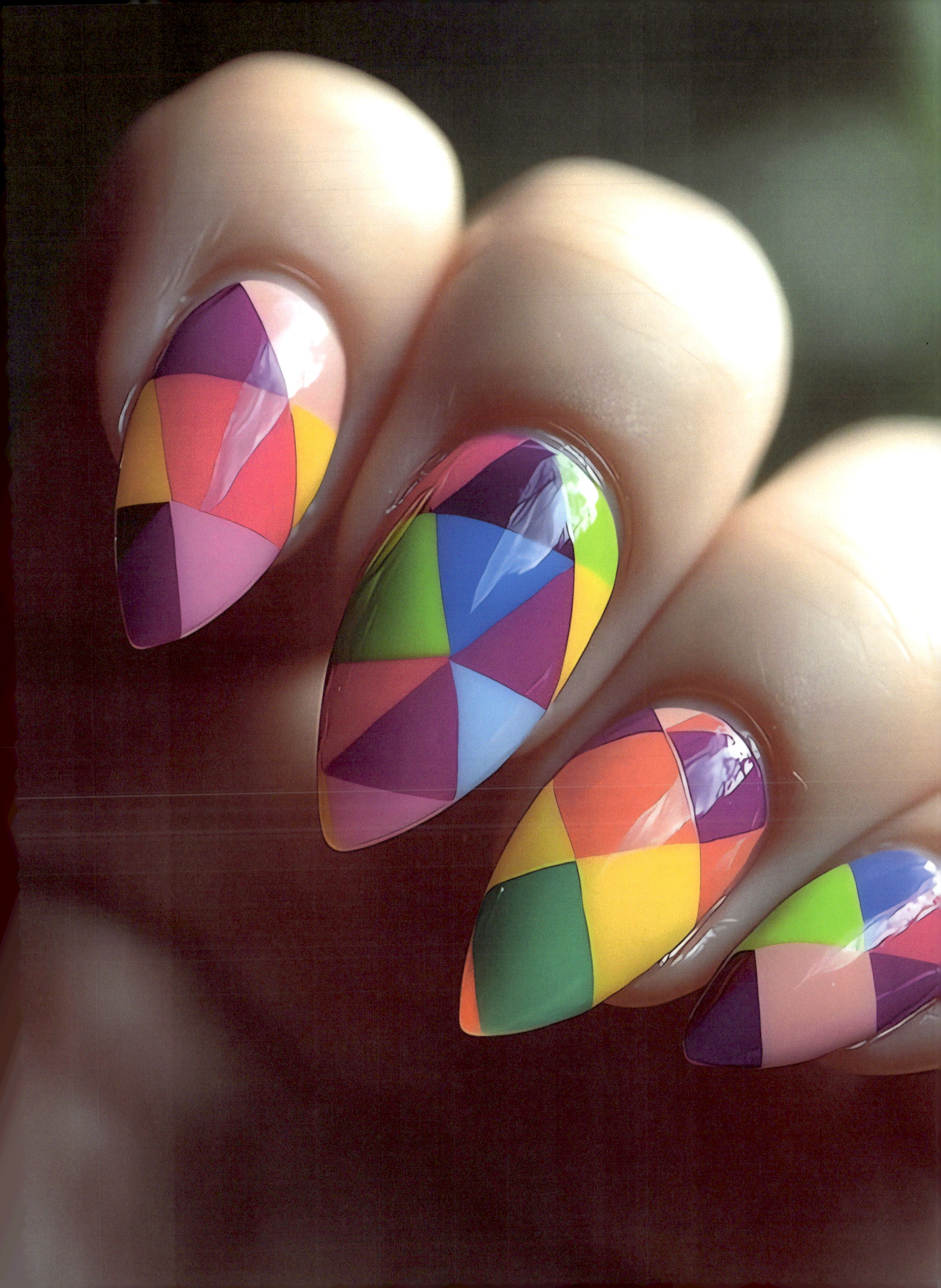

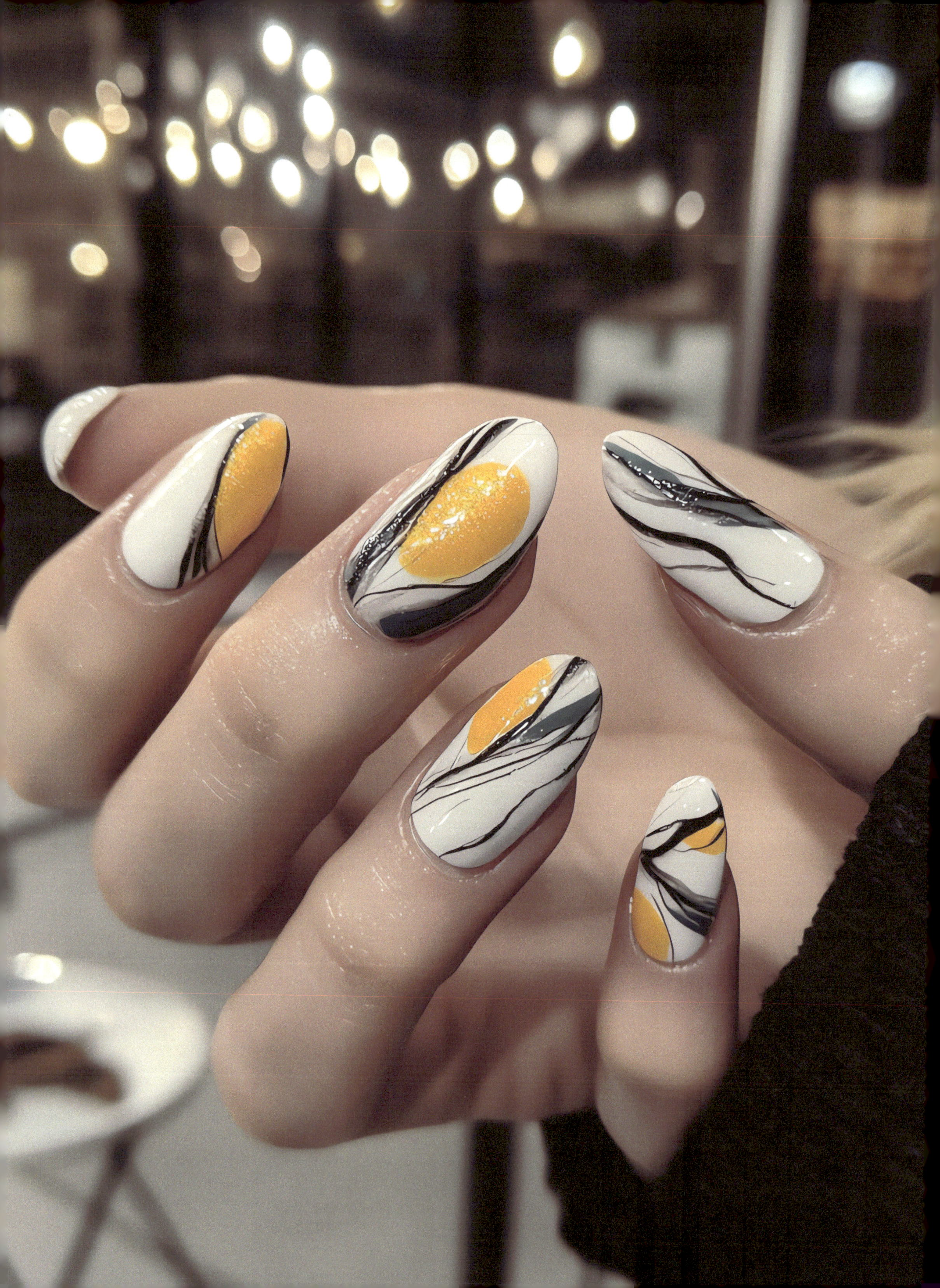

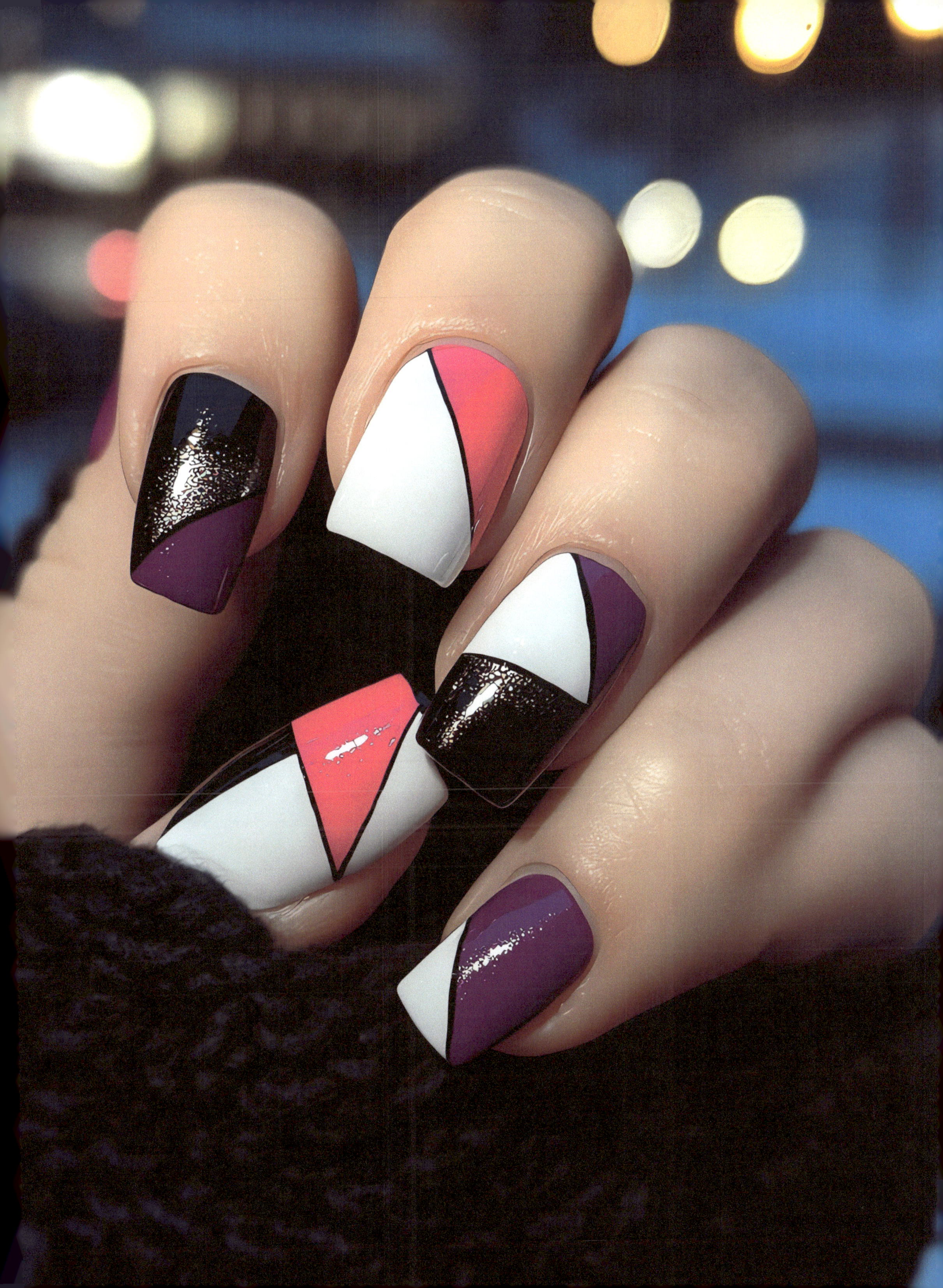

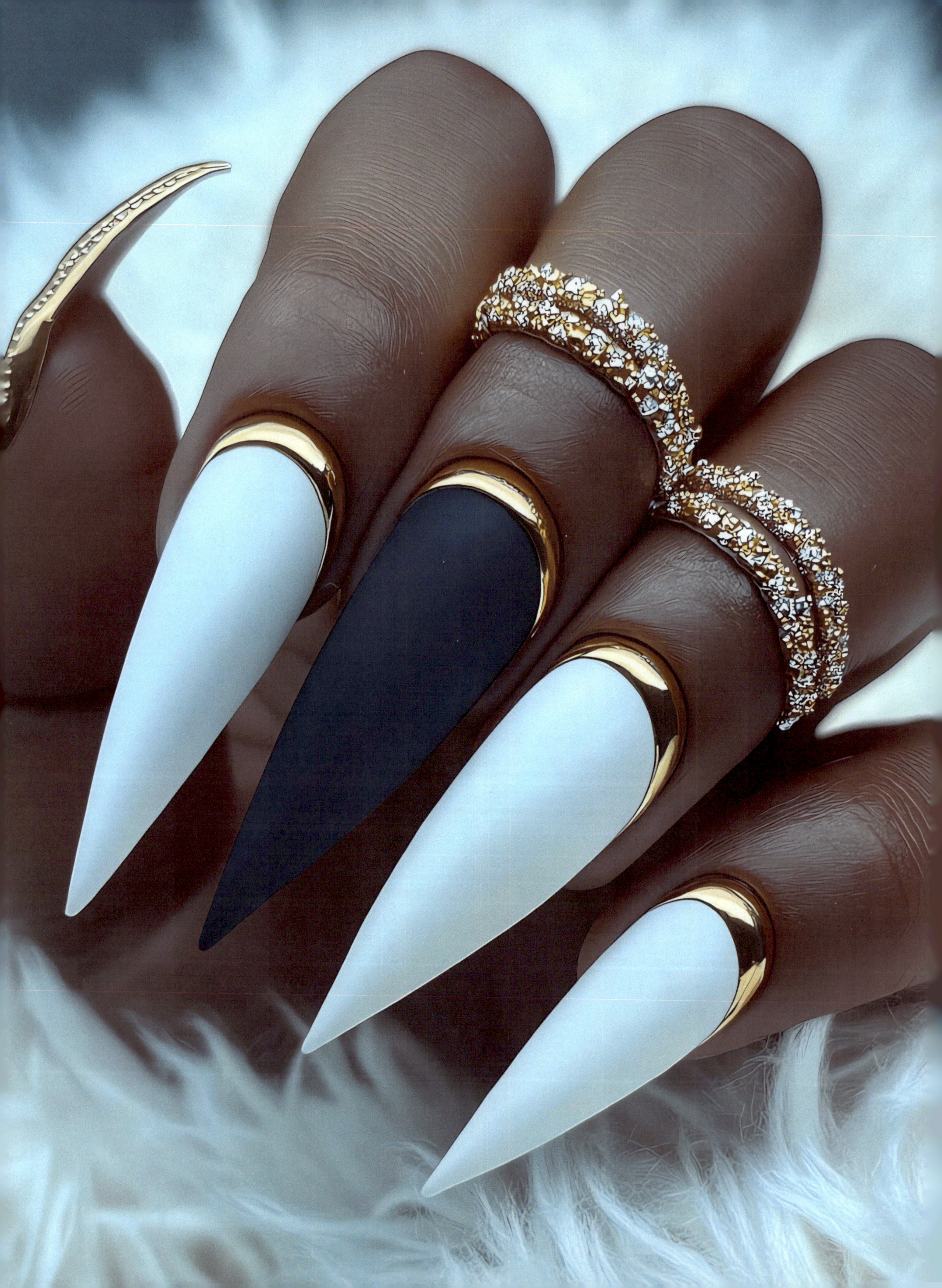

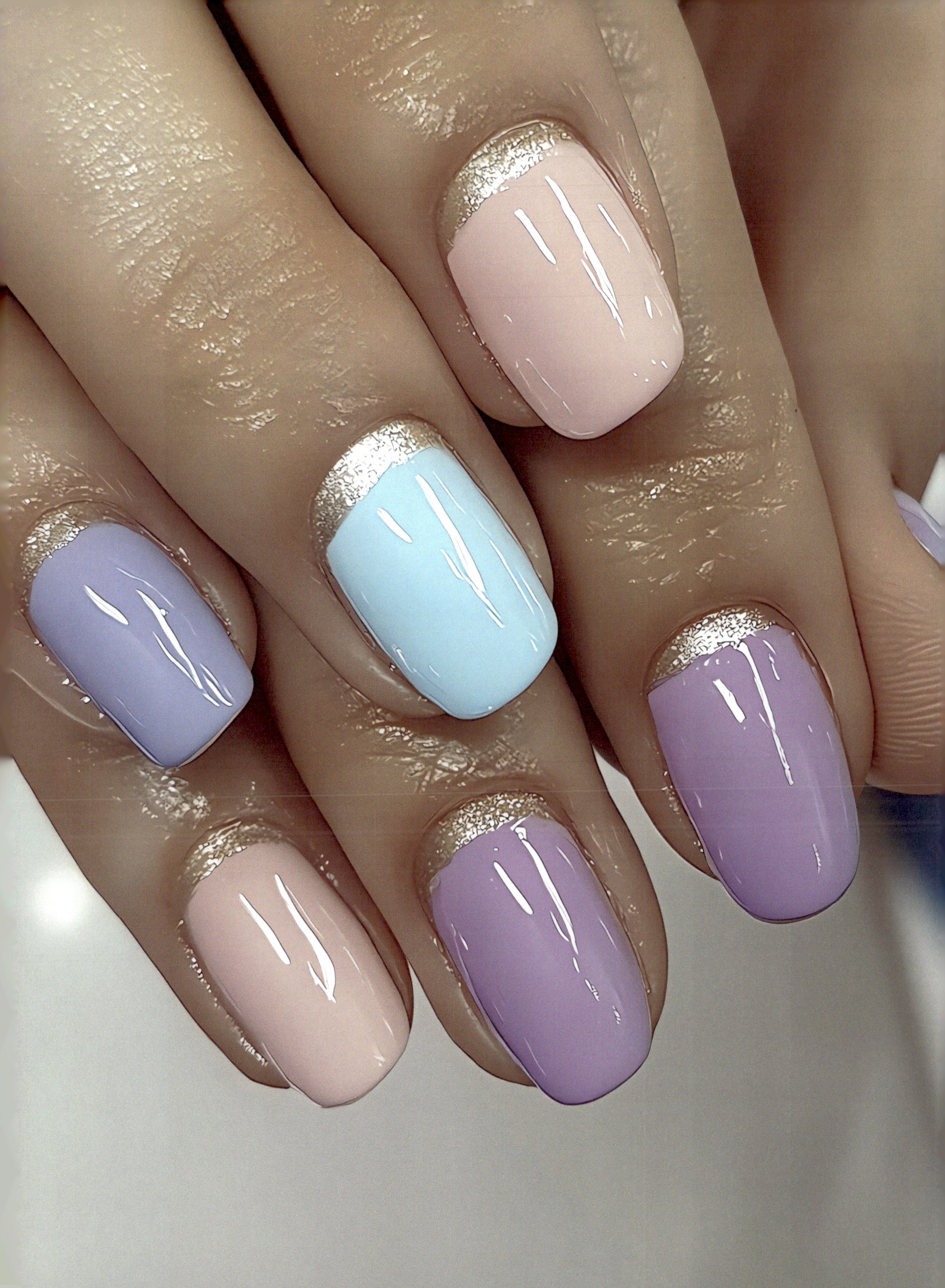

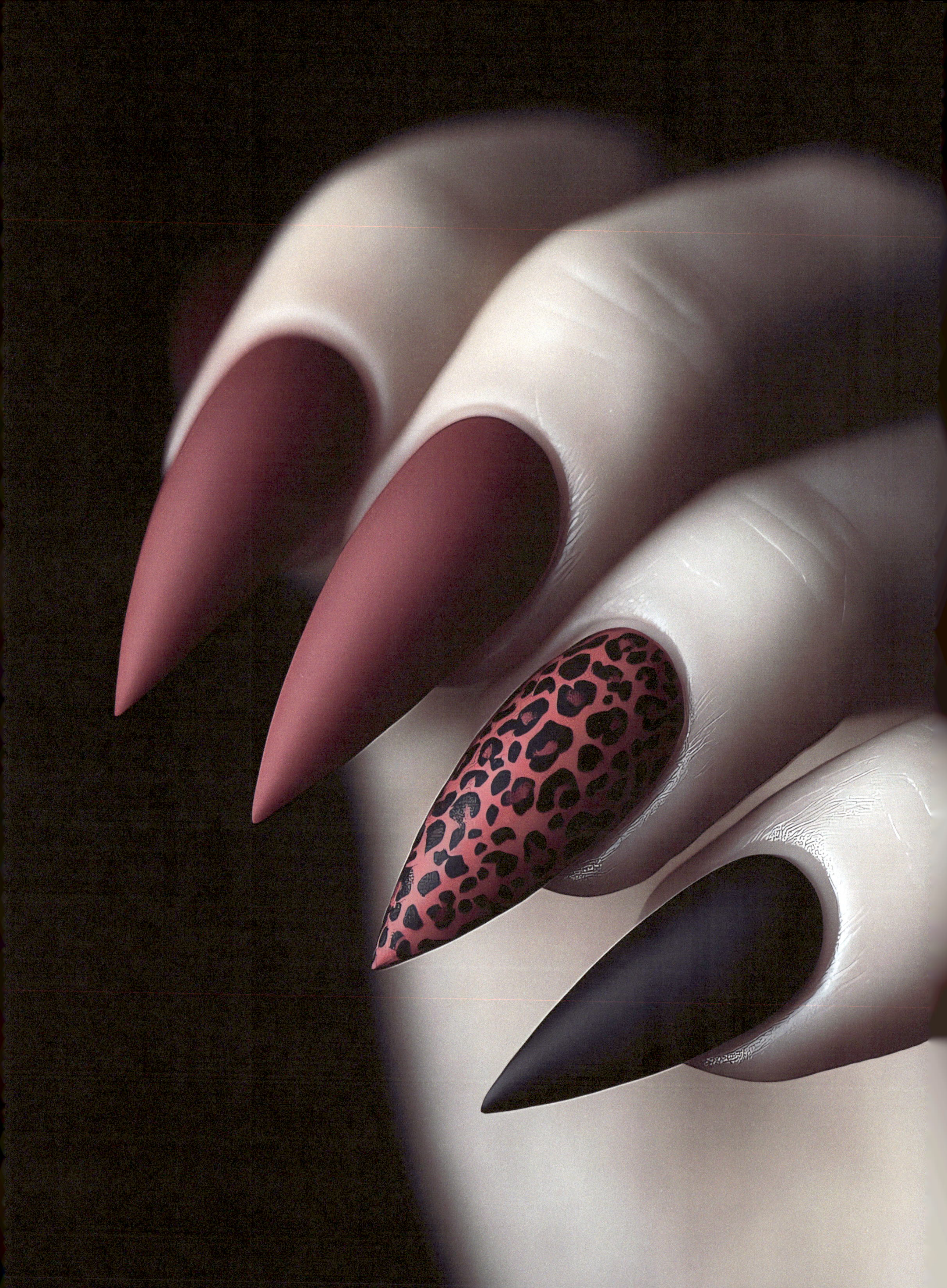

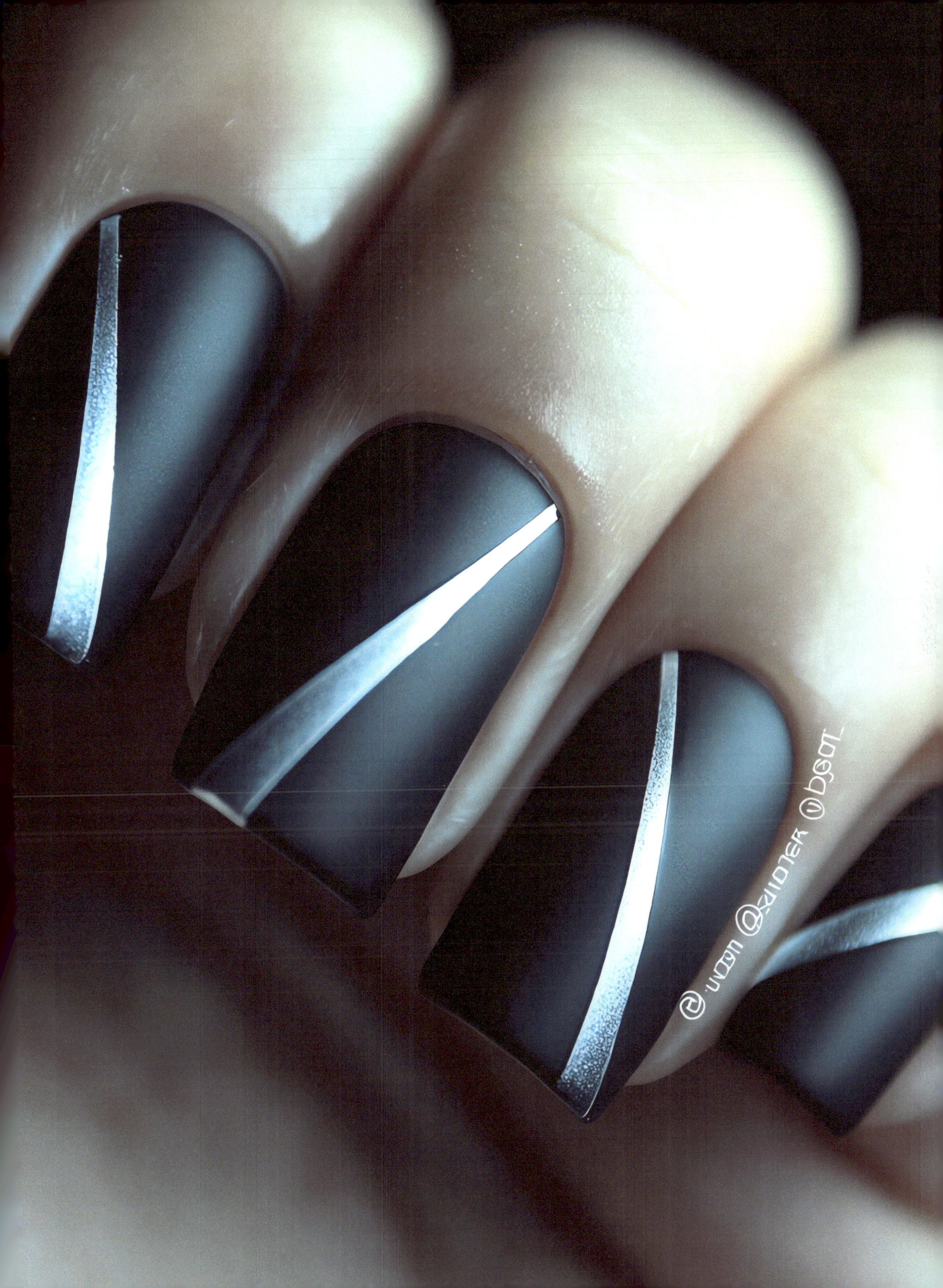

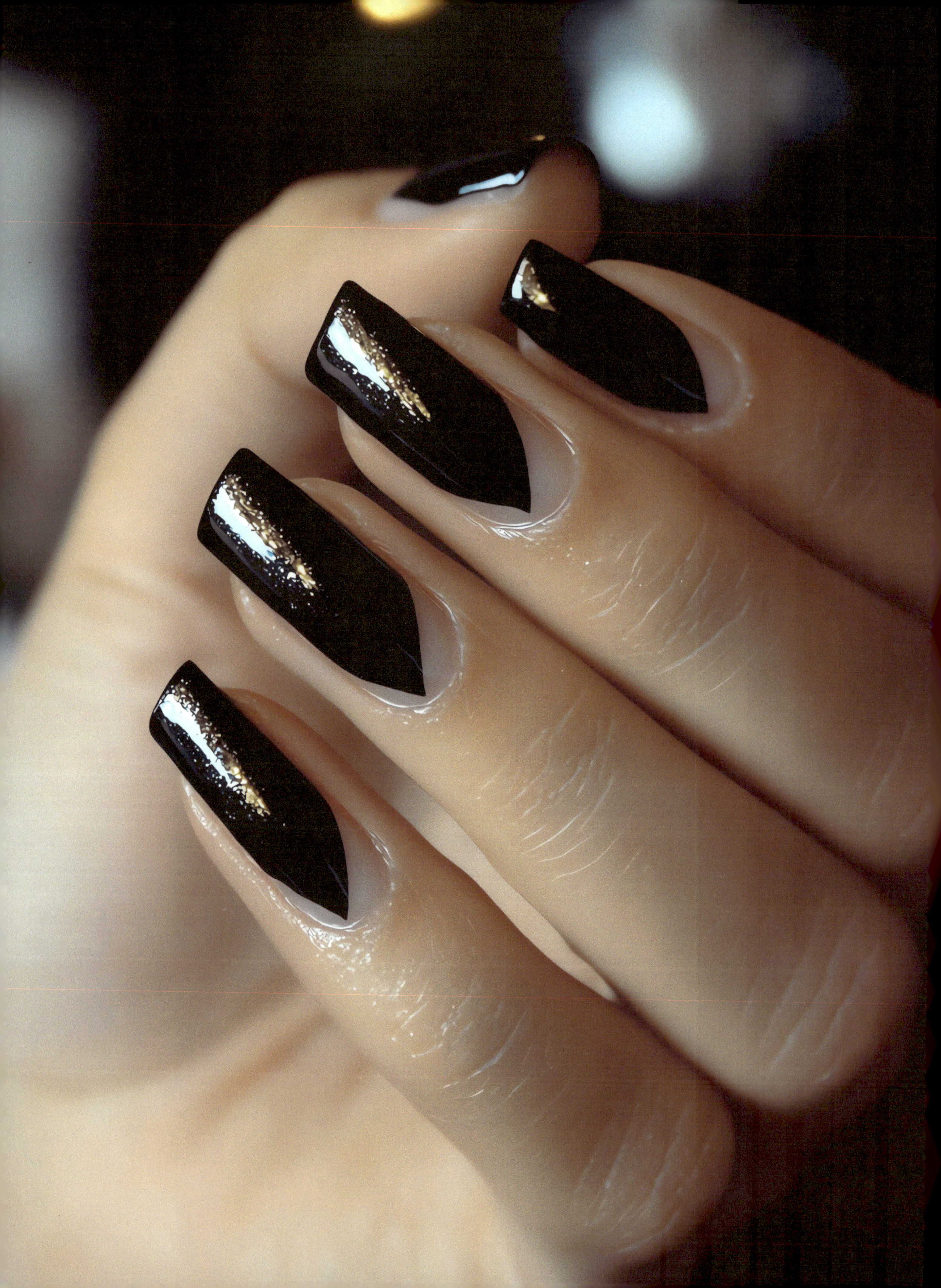

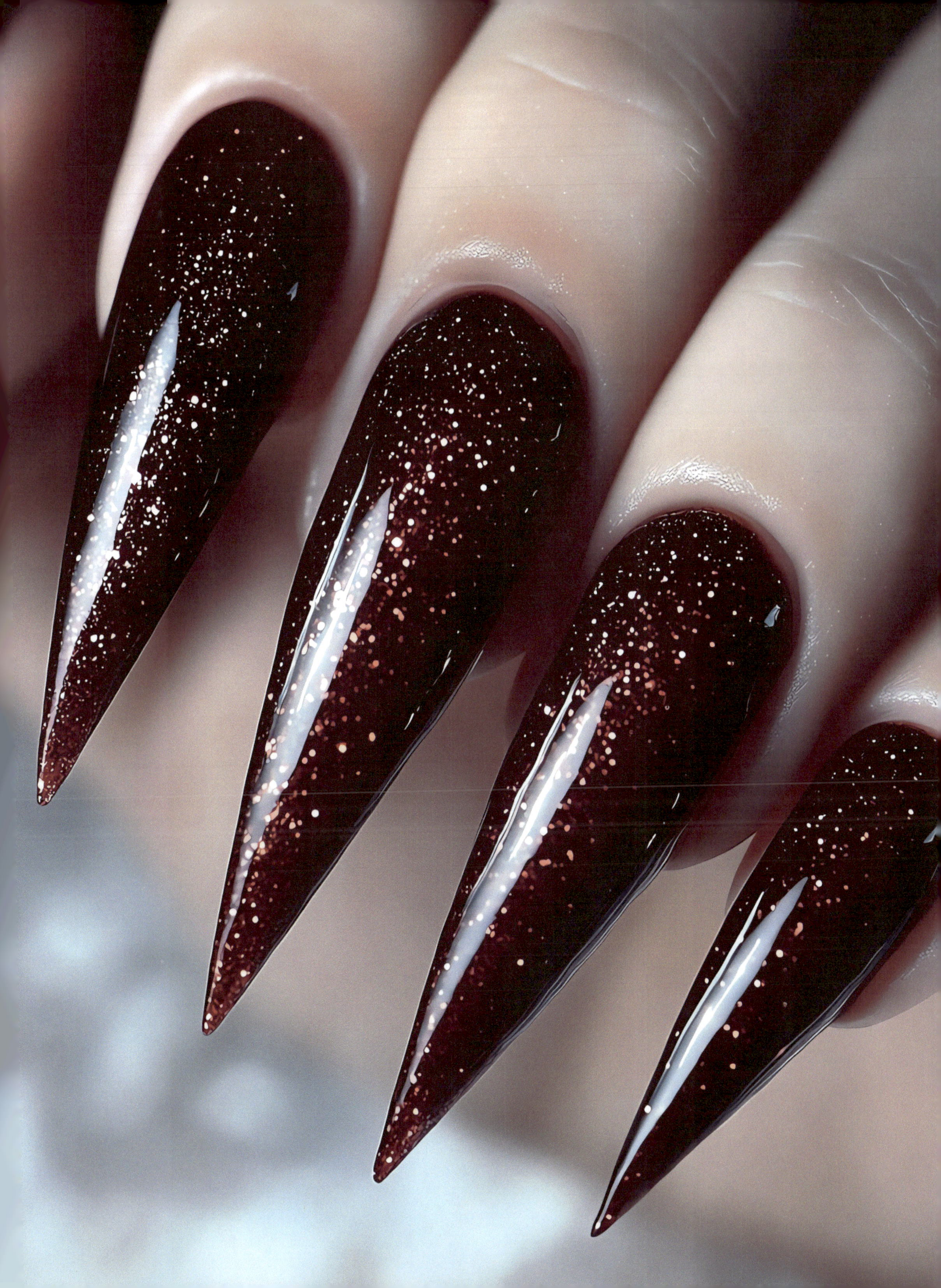

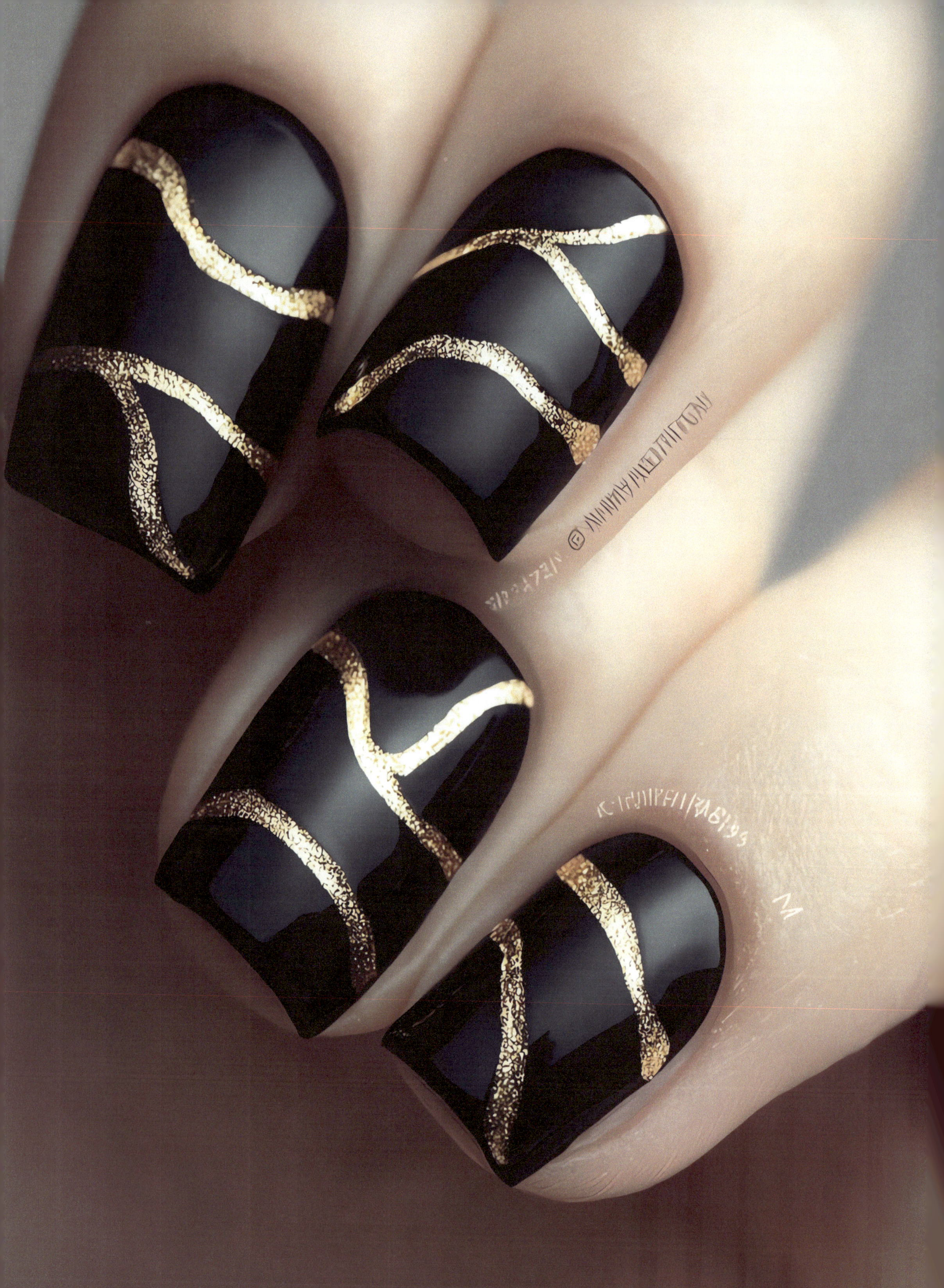

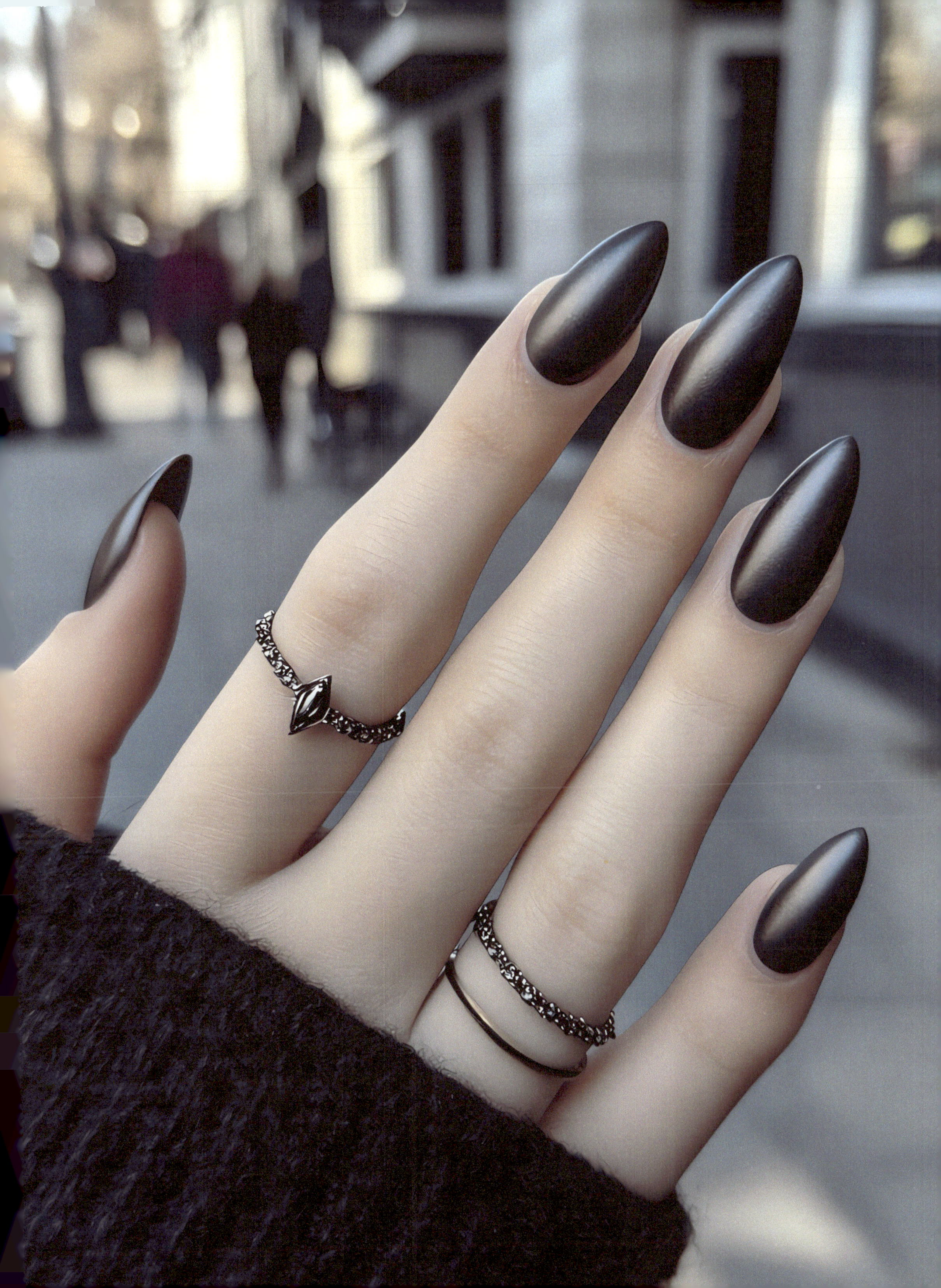

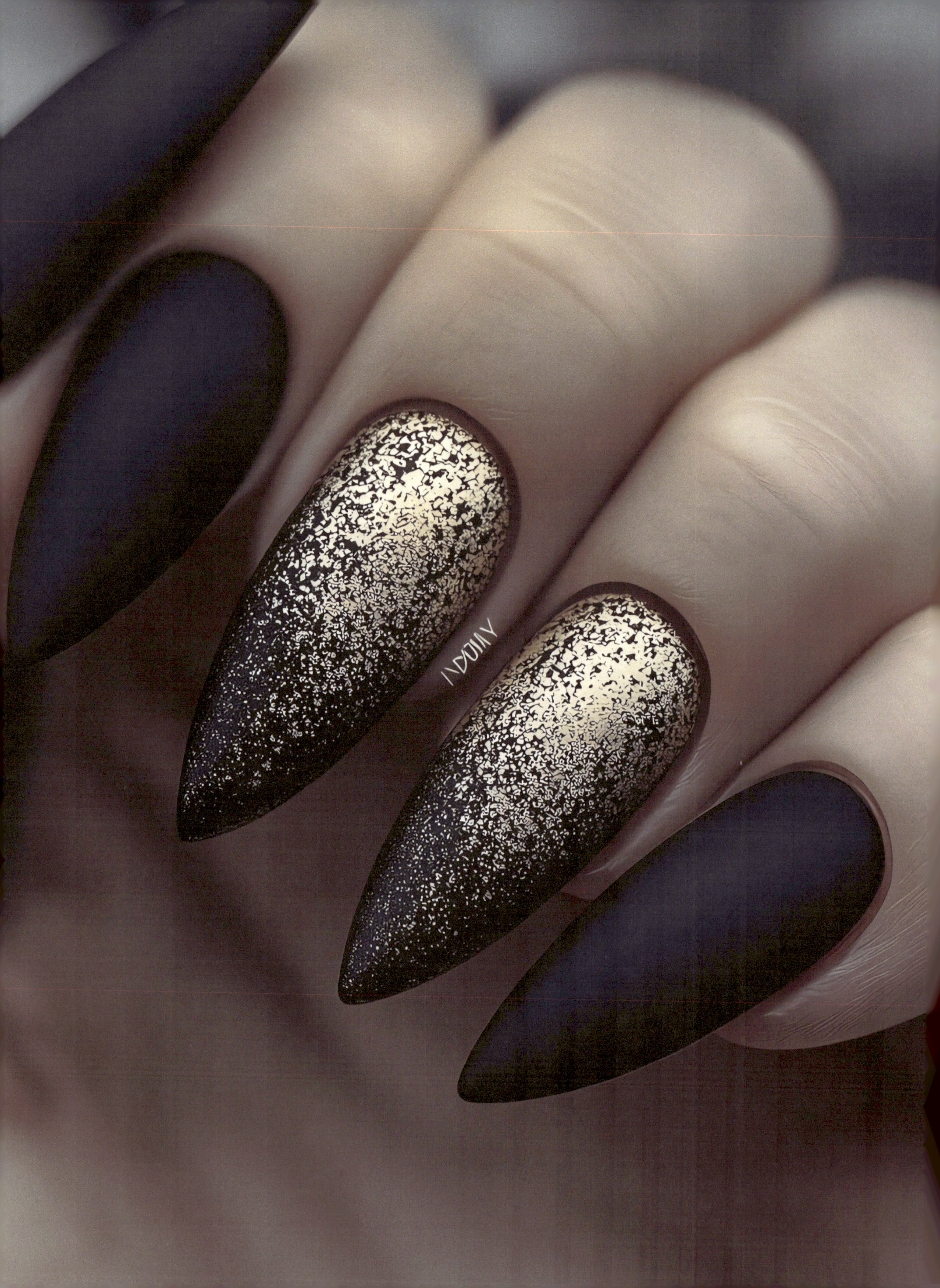

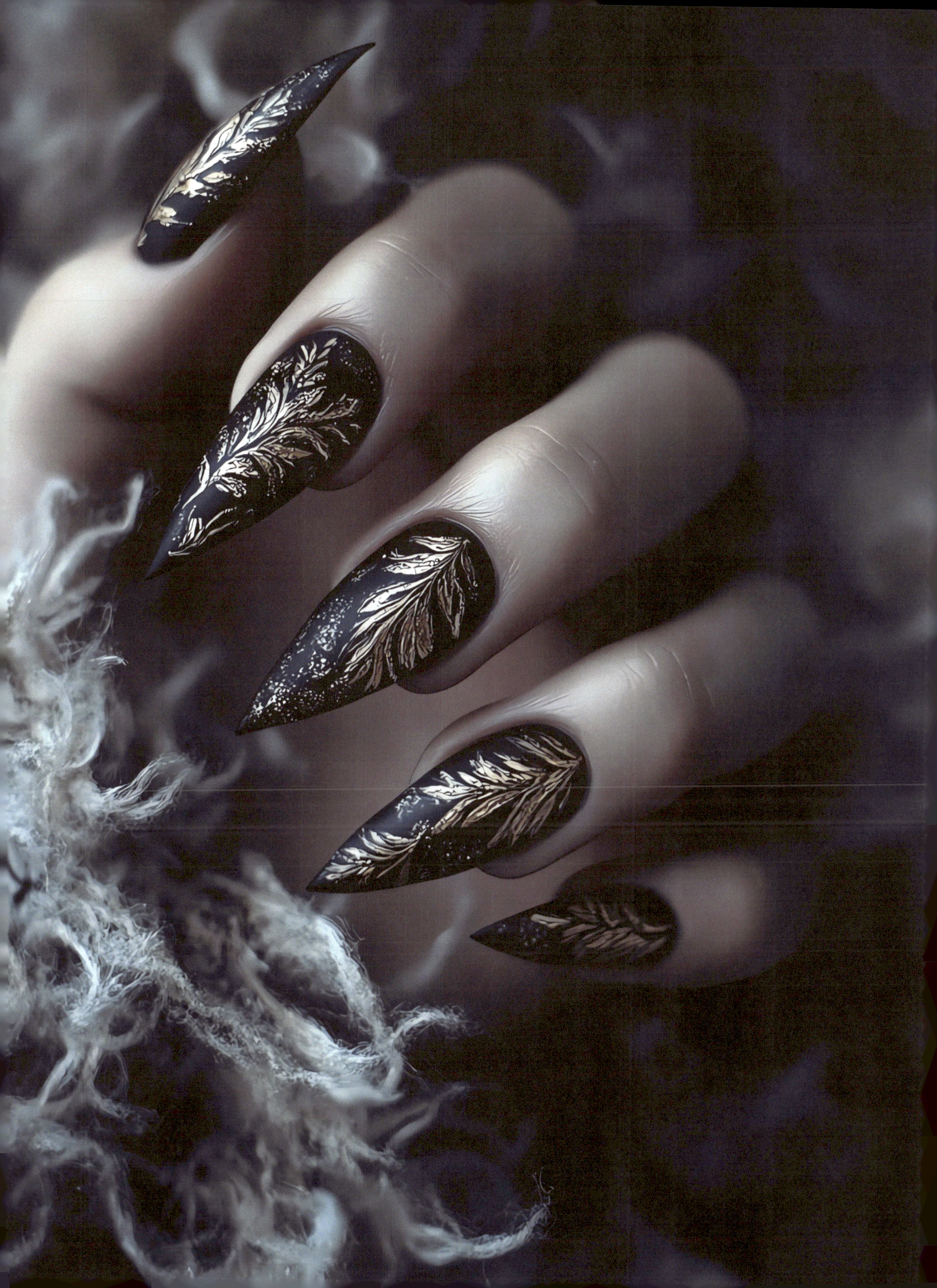

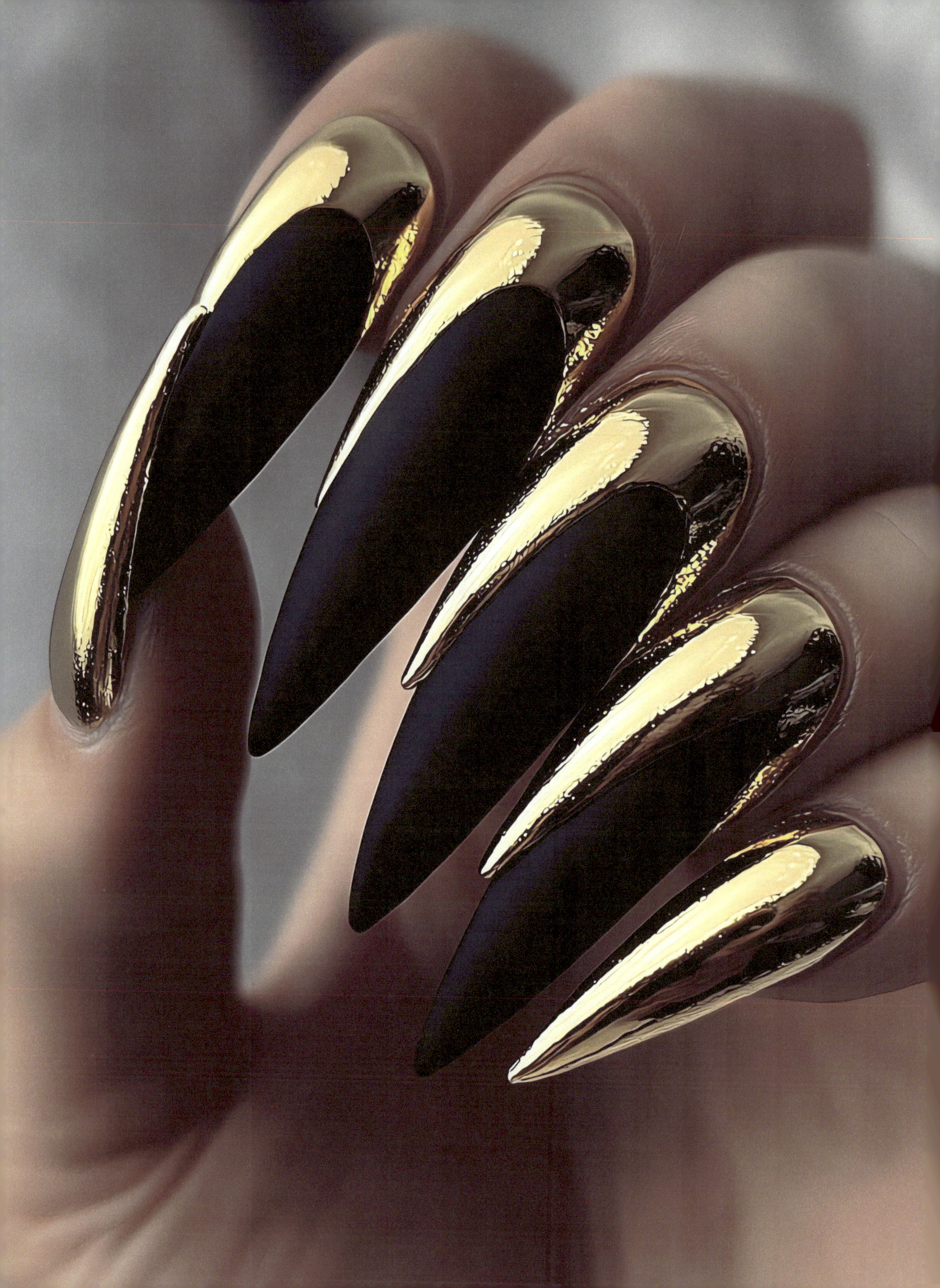

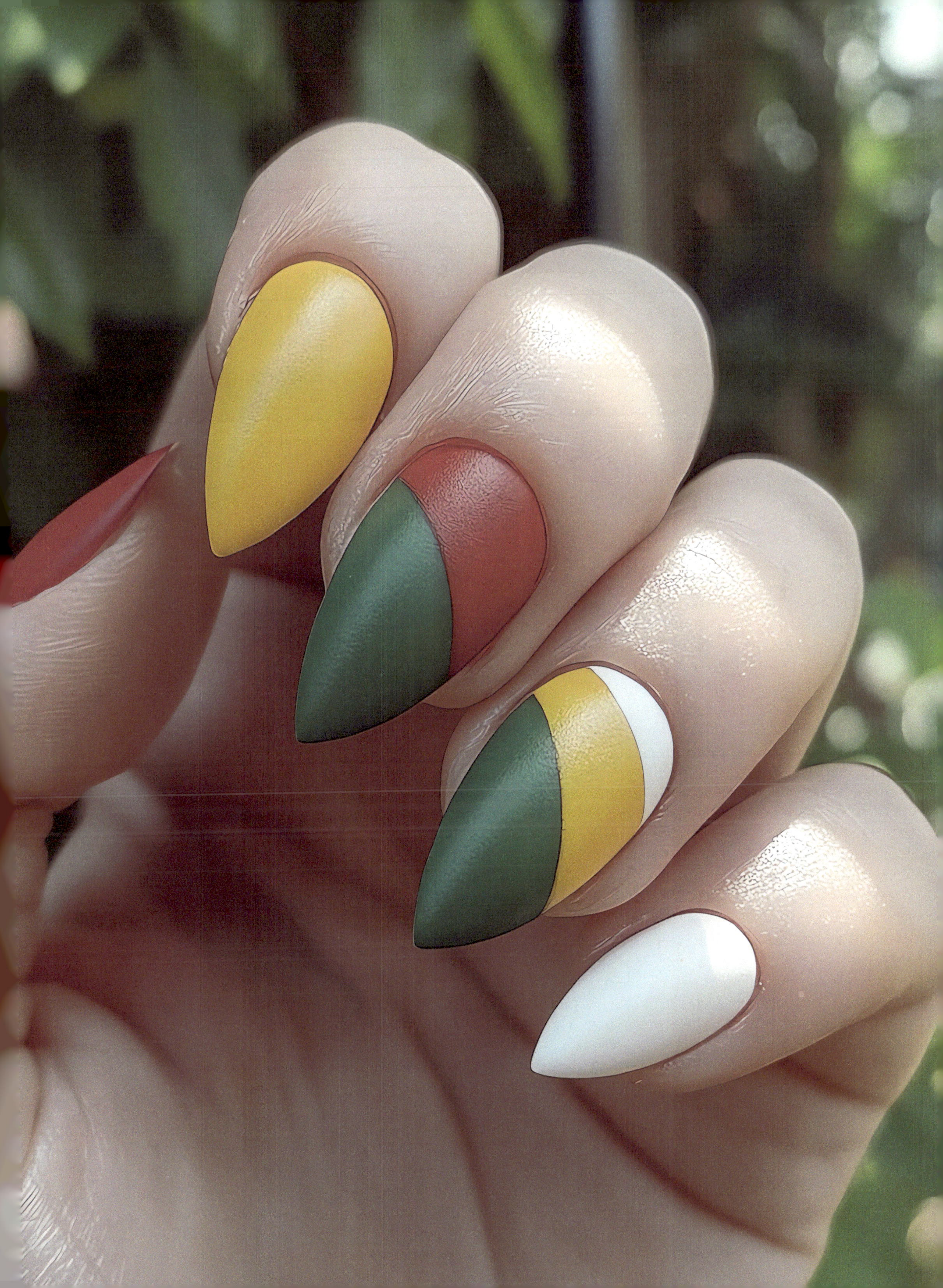

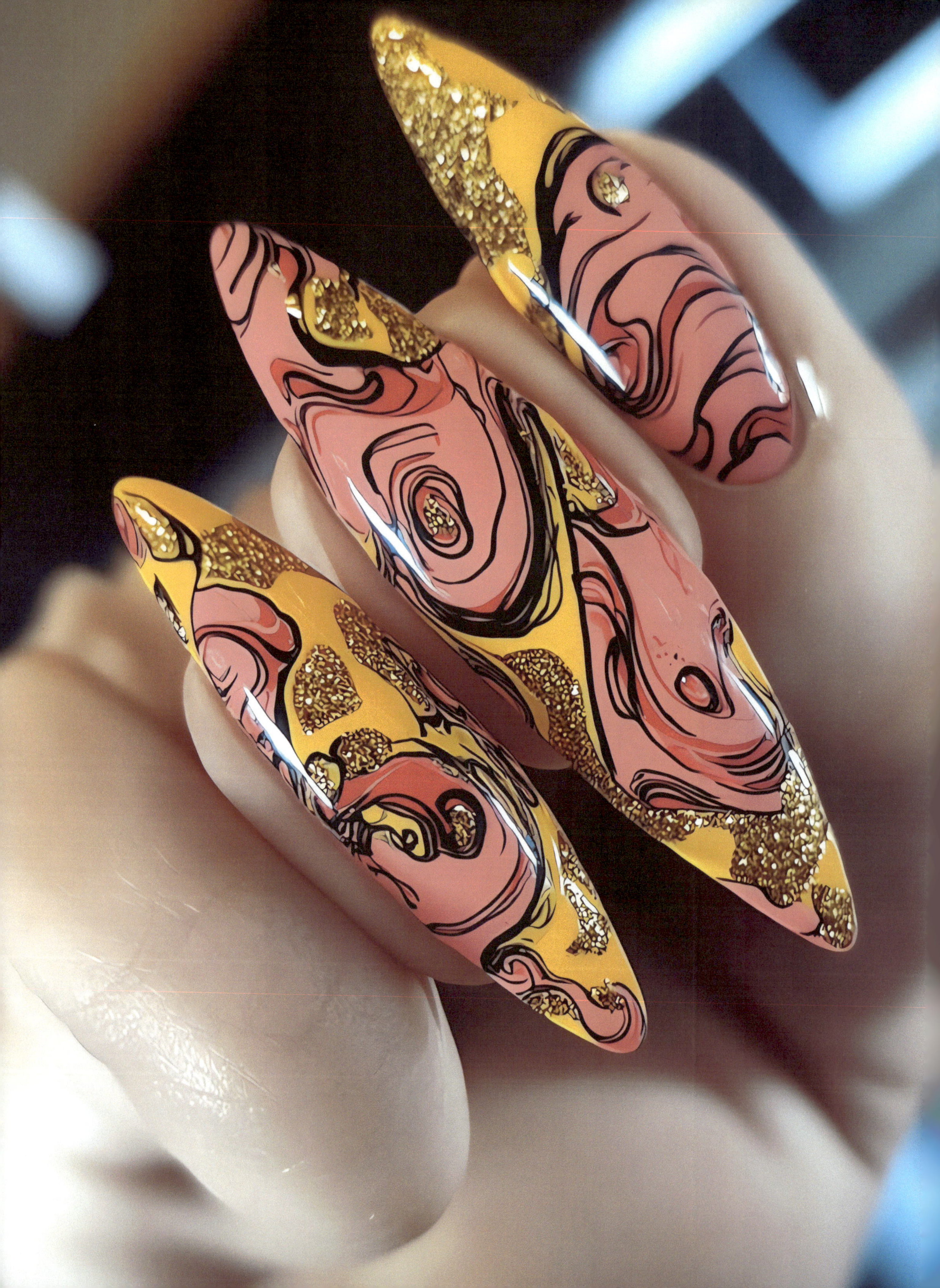

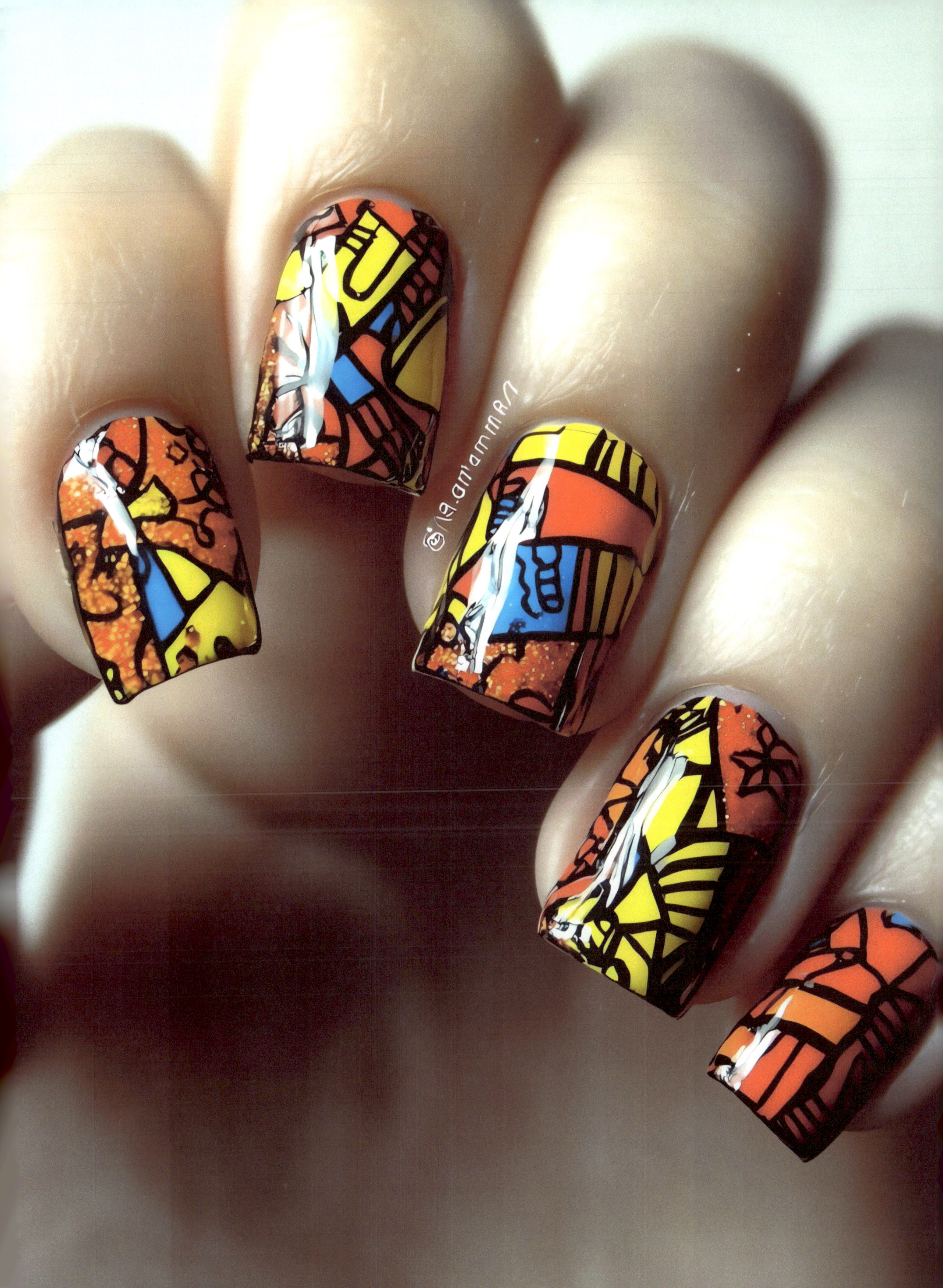

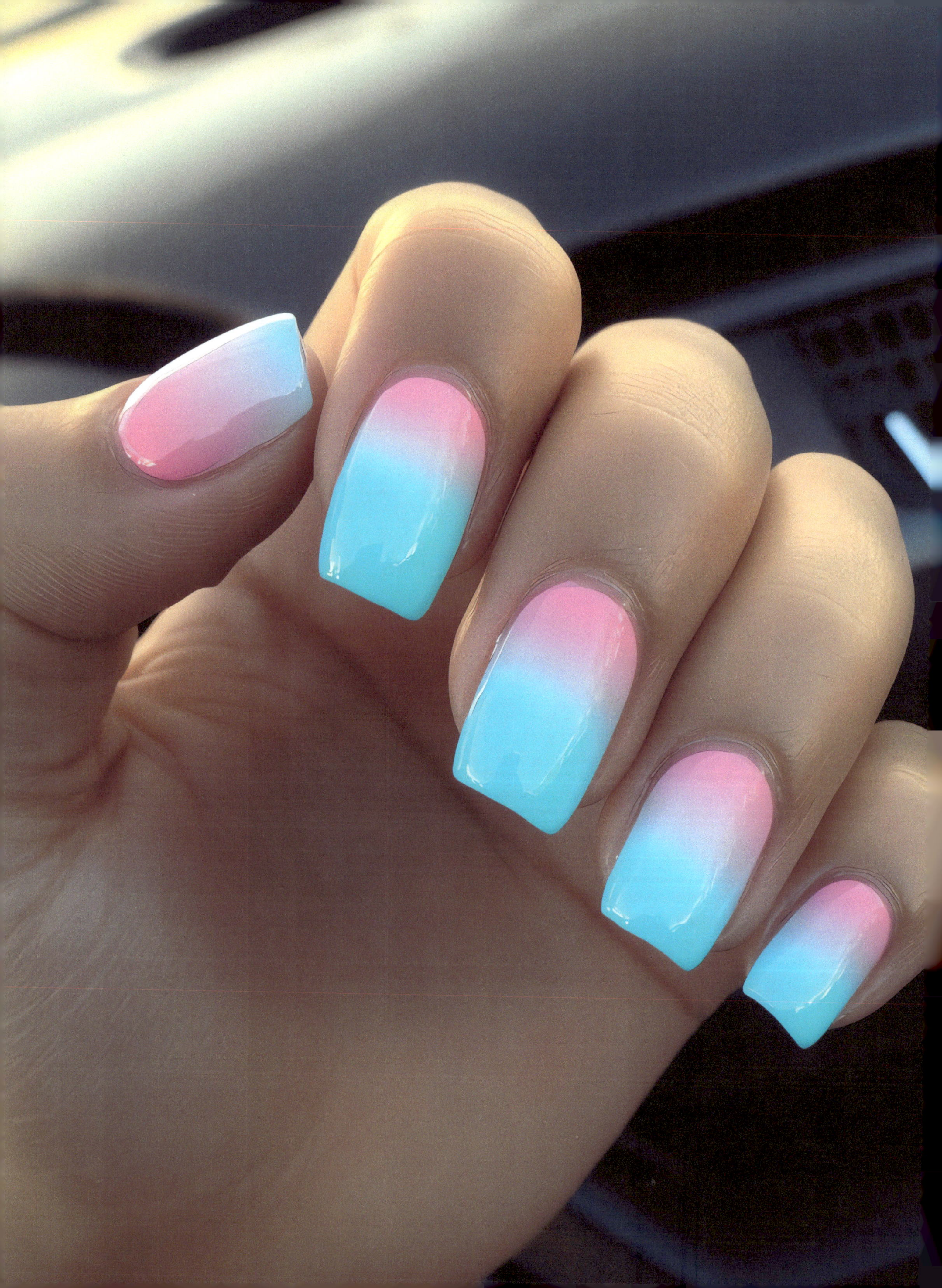

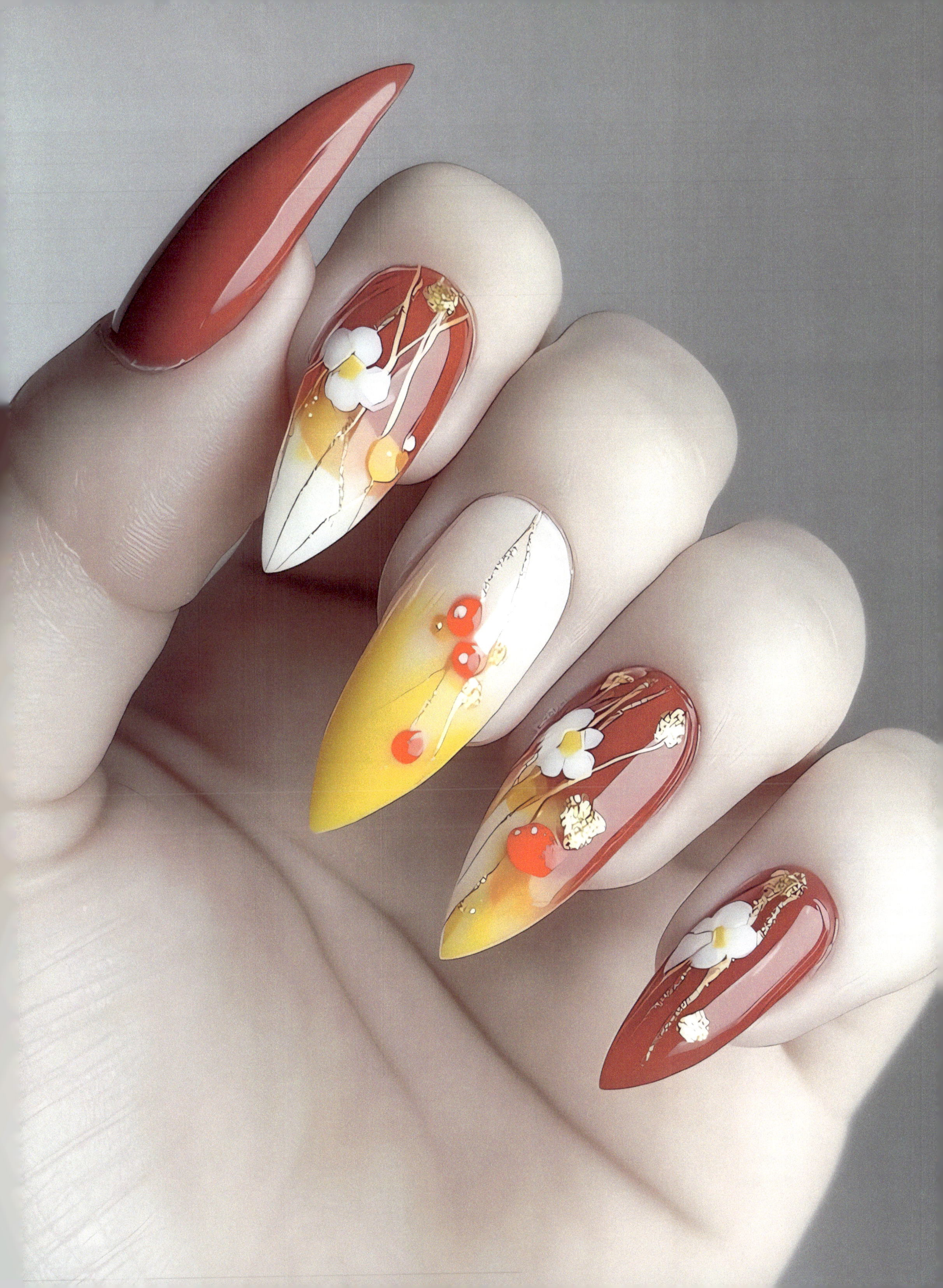

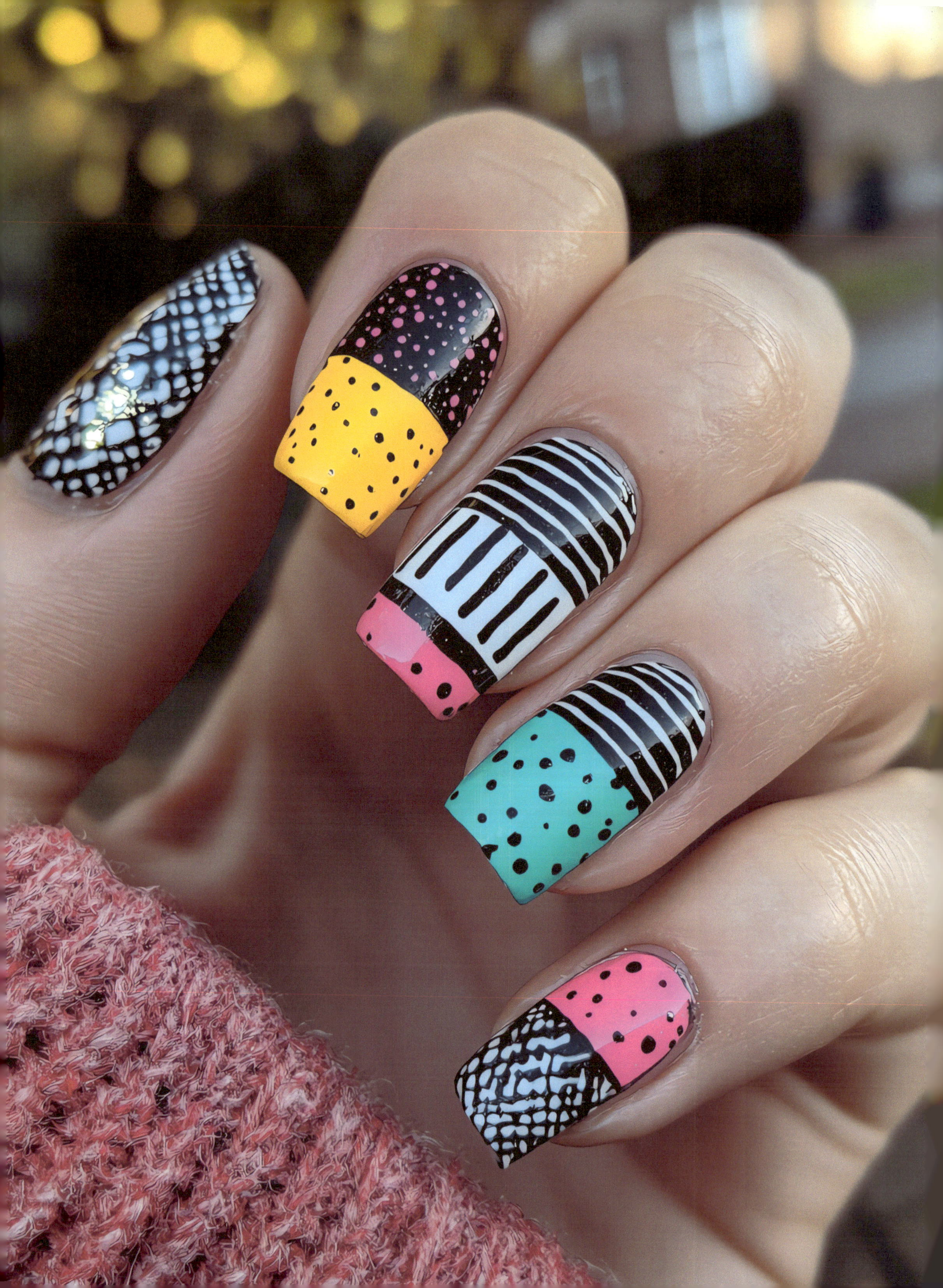

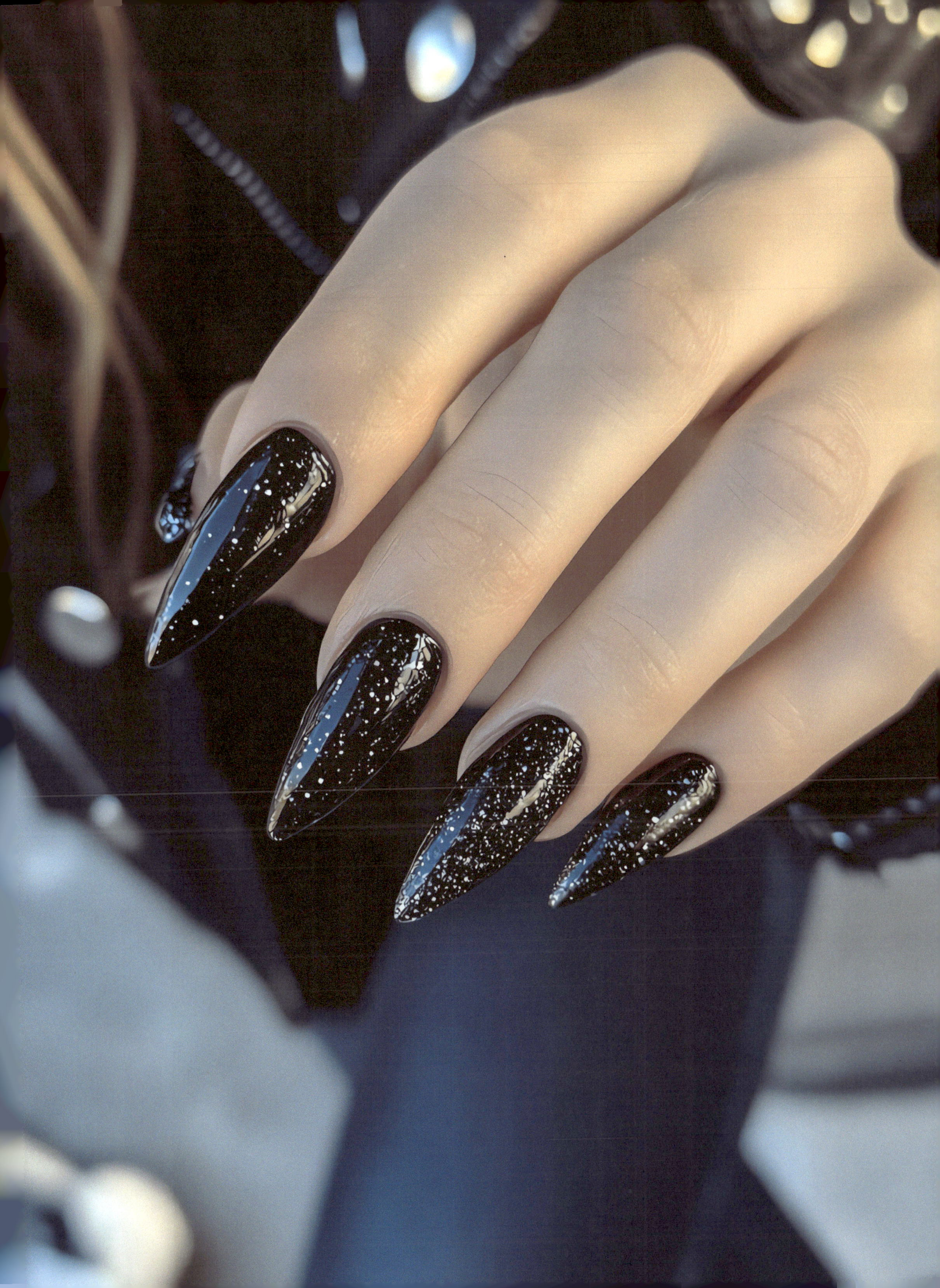

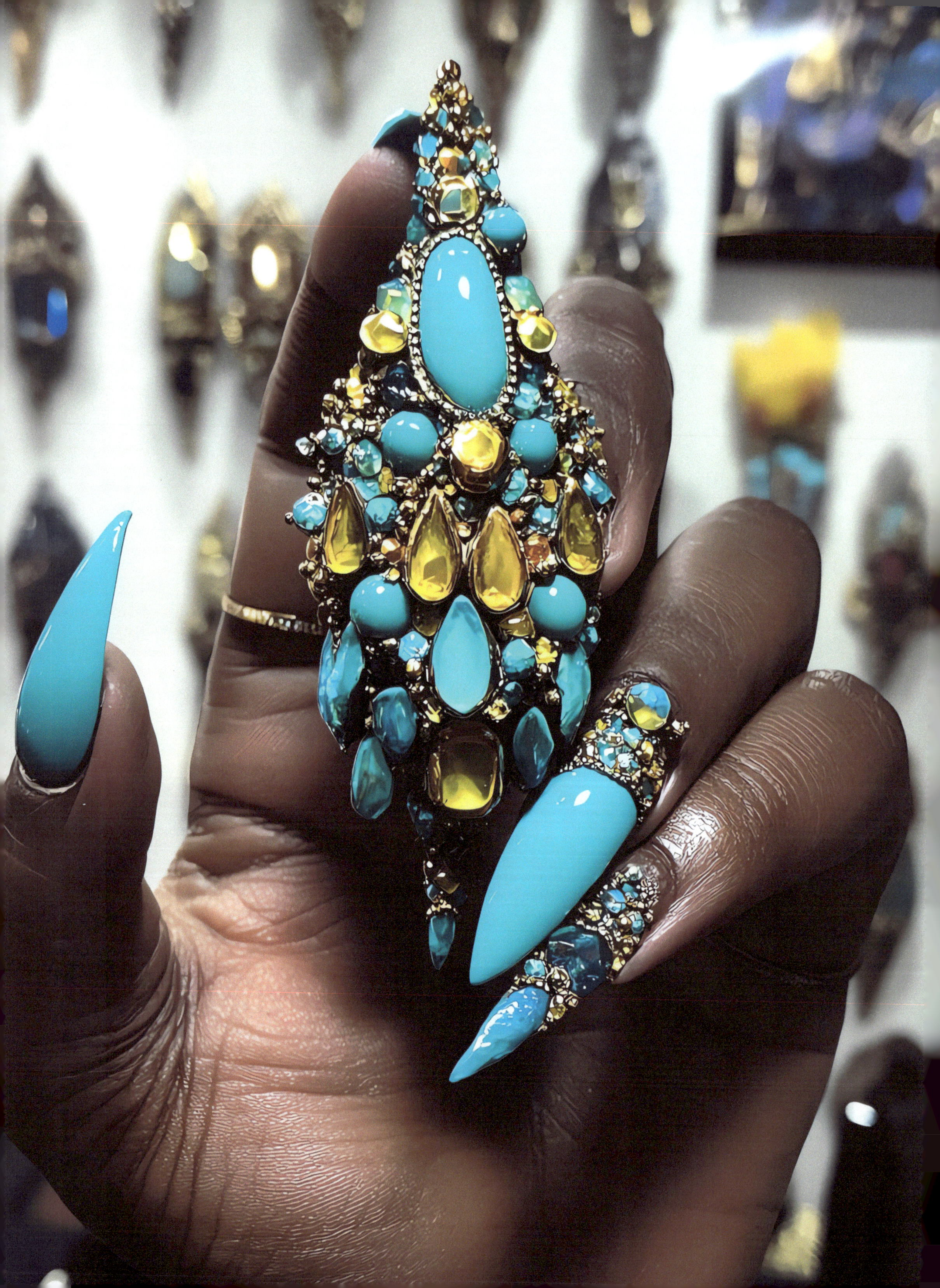

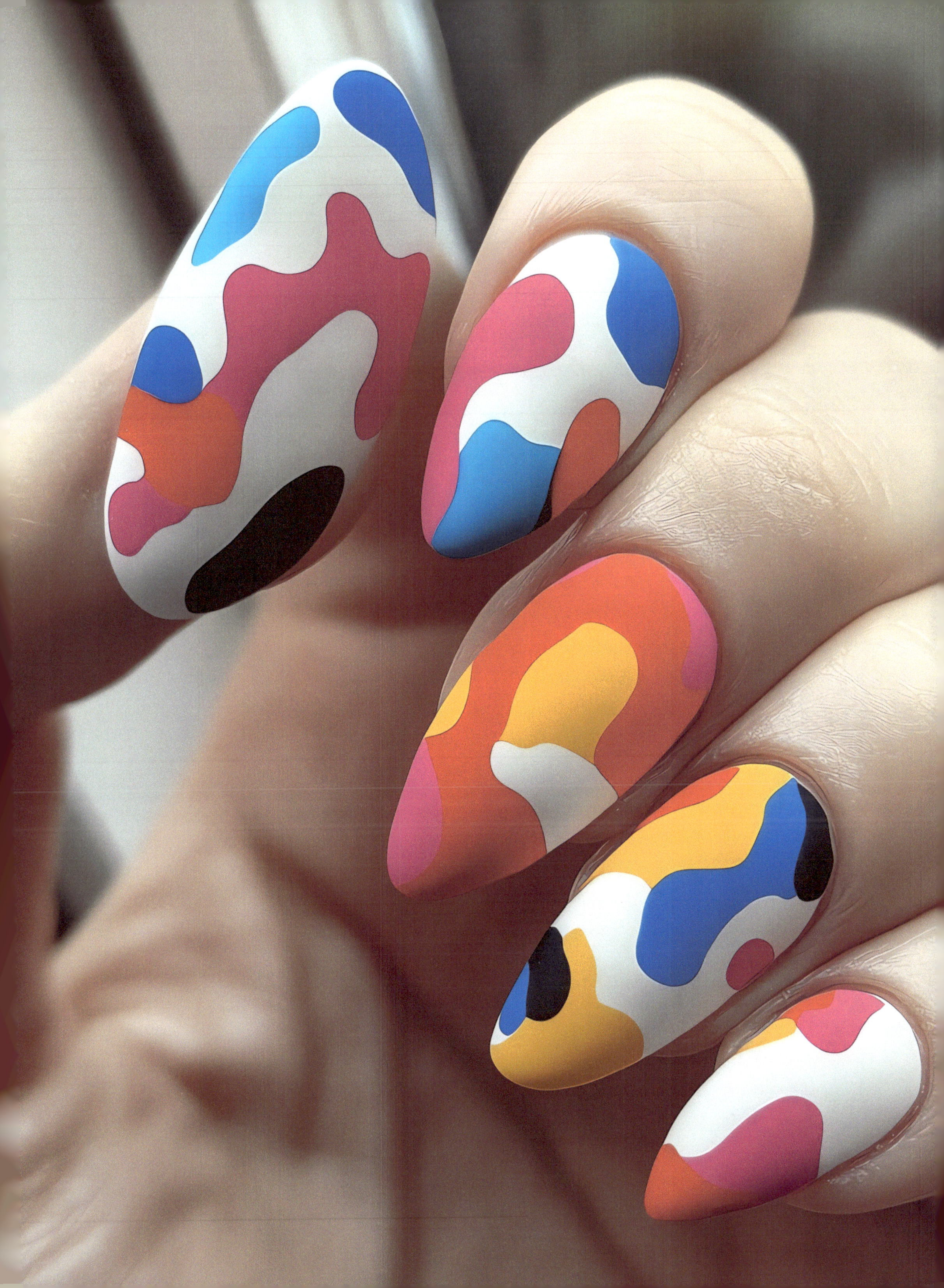

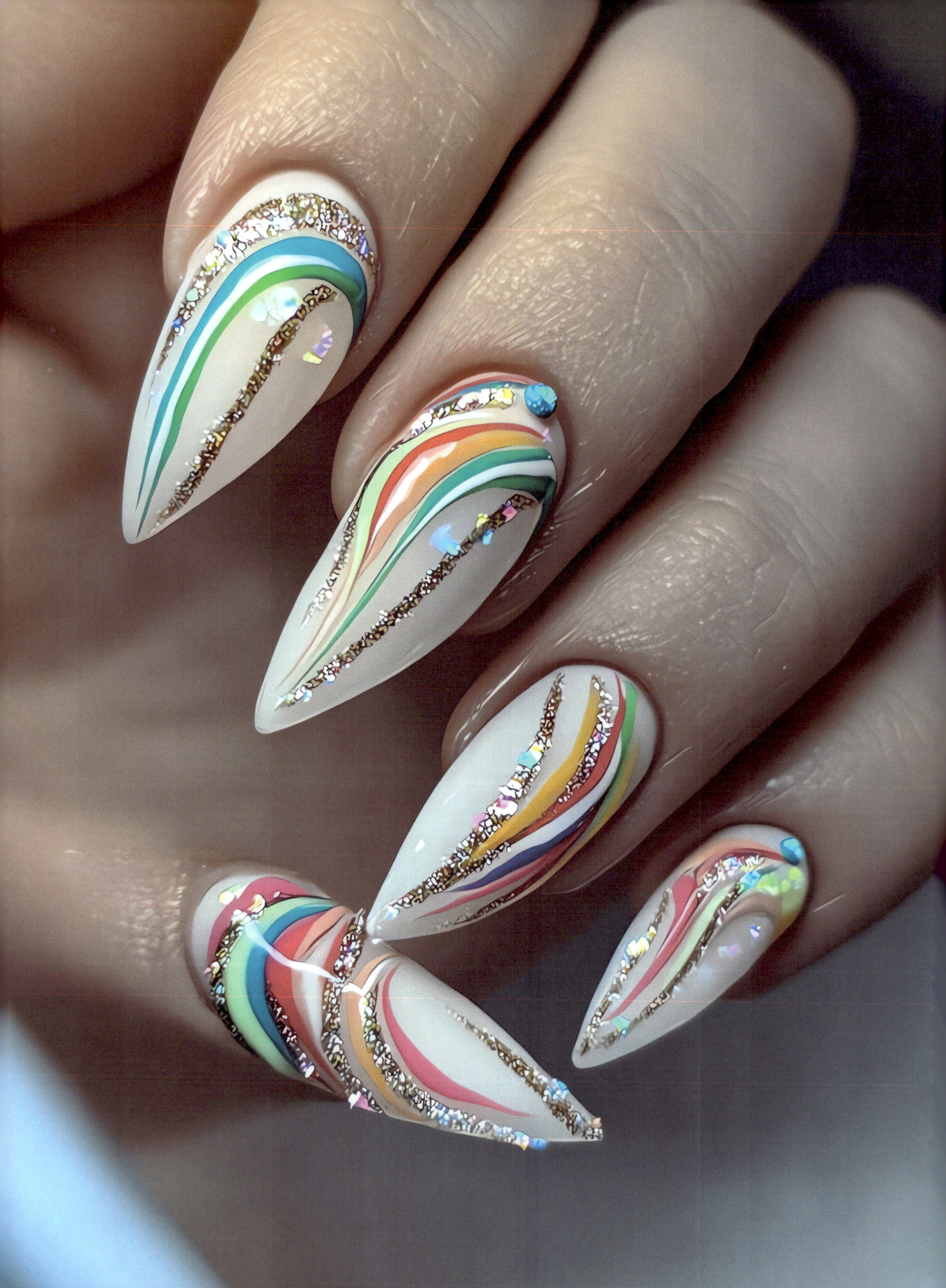